简单轻松学财会丛书 >>> >>

简单轻松学出纳

【第二版】

主编⊙郝建国 林楠 罗秀英

中国市场出版社
China Market Press

图书在版编目（CIP）数据

简单轻松学出纳／郝建国，林楠，罗秀英主编. —2 版.
北京：中国市场出版社，2009.5
ISBN 978 – 7 – 5092 – 0521 – 1

Ⅰ. 简…　Ⅱ.①郝…②林…③罗…　Ⅲ. 现金出纳管理 –
基本知识　Ⅳ. F23

中国版本图书馆 CIP 数据核字（2009）第 057875 号

书　　名：	简单轻松学出纳（第二版）
主　　编：	郝建国　林　楠　罗秀英
责任编辑：	胡超平
出版发行：	中国市场出版社
地　　址：	北京市西城区月坛北小街 2 号院 3 号楼（100837）
电　　话：	编辑部（010）68012468　读者服务部（010）68022950
	发行部（010）68021338　　68020340　　68053489
	68024335　　68033577　　68033539
经　　销：	新华书店
印　　刷：	河北省高碑店市鑫宏源印刷包装有限责任公司
规　　格：	787×1092 毫米　1/16　12.5 印张　220 千字
版　　本：	2009 年 5 月第 2 版
印　　次：	2009 年 5 月第 1 次印刷
书　　号：	ISBN 978 – 7 – 5092 – 0521 – 1
定　　价：	28.00 元

前言

简单轻松学出纳（第二版）

PREFACE

　　传统的出纳工作学习书籍往往过于枯燥，偏重理论性，给初学者掌握出纳知识和出纳工作实务，从业人员提高出纳工作能力都造成了一定的困难。针对这些问题，我们精心编写了《简单轻松学出纳》一书。该书于2006年出版后，得到了读者的肯定，认为它为学习出纳知识提供了一条捷径。

　　本书是在第一版的基础上经过修订和完善重新出版的。在修订过程中充分吸取了广大读者对第一版的建议，同时保持了第一版轻松、人性化和可操作性强的特点。

　　简练轻松。为了给读者提供一个轻松、愉快、高效地学习出纳知识的读本，本书以通俗易懂的语言，阐述出纳业务的基本理论、基本方法和基本技能，将繁杂的出纳工作内容非常直观地展现在读者面前，使出纳业务的技术和方法简单化、通俗化。

　　版式人性化。第二版改变了开本和版式设计，却没有改变设身处地为出纳人员着想体现出的人性化，在版式和内容设计上力图做到要点化、步骤化、图表化、功能化。大量标志醒目的"小知识"、"提醒您"等提示框，不同类型的图案和表格、设问句式，将为读者学习、使用本书带来最佳效果。

　　内容全面，实务性强。本书紧扣出纳实际业务，结构清晰，内容丰富，涵盖了出纳工作的方方面面，系统介绍了出纳的基本知识、出纳应具备的会计业务知识、银行存款管理及核算、现金管理及核算、外汇管理、出纳错弊及更正、出纳工作交接、出纳其他知识等内容。出纳人员可以依照书中的规定办理现金、银行存款以及有价证券的收入、支出工作，会计核算工作及货币资金、各种票据的保管工作，具有极强的可操作性。

本书由郝建国、林楠、罗秀英主编。参加编写的人员有郝建国、林楠、罗秀英、刘富春、赵志成、吴丽军、郝建英、许群、王玉刚、崔家兴、谭志军、郝玮、吴子仲、张蕴英、任迺莉。全书由郝建国总纂。

本书写作中得到了有关院校会计专业老师，企业单位总会计师、会计、出纳等实务工作者的大力帮助，特表衷心的感谢。

由于水平所限，书中疏漏甚至错误不可避免，恳请读者批评指正，以便再版时更正。

编者

2009 年 4 月

目录
简单轻松学出纳（第二版）
CONTENTS

第一章

出纳基本知识

1.1 出纳及出纳工作

【**主题词**】 出纳 出纳工作

1.1.1 什么是出纳

招聘广告的启示

本公司因业务发展需要，现招聘出纳2名。主要负责公司各类款项的收、付和现金管理、票据管理，保证资金安全，加速资金周转。该职位要求具有财会等相关专业知识，1年以上出纳工作经验，善于协调各种关系，有责任心，原则性强，熟练使用财务软件。本公司看重您的人品及能力。欢迎您加入本公司，成为我们的一员！

通过广告可以看出，出纳主要从事款项的收、付和现金、银行存款的管理工作。其基本含义就是："出"即支出、付出款项，"纳"即收入款项。

1.1.2 什么是出纳工作

出纳工作是指出纳人员对货币资金和有价证券的收、付、核算及货币资金、各种票据保管工作的总称。出纳工作是会计工作不可或缺的组成部分。

提醒您

《会计法》第三十八条规定：从事会计工作的人员，必须取得会计从业资格证书。

1.1.3 出纳工作的内容

1. 库存现金的收付与核算

（1）库存现金的收付

出纳人员严格按照国家现金管理制度的有关规定，根据会计稽核人员审核签章的现金收付款凭证，进行复核，办理现金结算中各种款项的收付以及现金的提存。对于重大的开支项目，须经单位有关领导审核批准并签字盖章，否则，不得随意收支现金，不得超范围使用现金。

（2）库存现金的核算

出纳人员根据审核无误的现金收付款凭证，逐日逐笔序时登记现金日记账，并结出余额。现金日记账余额要每日与实际库存现金核对，月份终了，现金日记账的余额必须与"现金"总账科目的余额核对相符，以保证日清月结。

2．银行存款的收付与核算

（1）办理银行结算手续

严格按照银行《支付结算办法》的规定，办理银行结算业务。严格控制签发空白支票。不准签发空头支票。

（2）进行银行存款核算

出纳根据审核无误的银行存款收付款凭证，逐日逐笔序时登记银行存款日记账，并结出余额。

月份终了，银行存款日记账的余额要及时与银行对账单核对，使银行存款日记账的账面余额与对账单上的余额调节相符，随时掌握银行存款数额。

3．保管库存现金及有价证券

出纳人员应当保管好现金、有价证券：

- 严格按照库存现金限额留存现金，及时将超过限额的现金送存银行。
- 不得用白条抵库。
- 库存现金必须存放于保险柜内，不得放在办公桌（柜）内过夜。
- 对于保险柜密码、开户账户和取款密码等，要严守秘密，保管好钥匙，不得随意转借给他人。

4．保管有关印章、空白支票、发票和收据

出纳人员应当保管好其所管的印章，严格按照规定使用印章。对空白支票、发票和收据等必须严格管理，应当建立严格的支票、发票和收据的领用和注销登记制度。

5. 依照《会计法》的规定, 履行监督职责

出纳人员在办理业务过程中, 对违反规定的收支业务有权拒绝办理并按照职权予以纠正。对不真实、不合法的原始凭证有权不予接受, 并向单位负责人报告。对记载不准确、不完整的原始凭证予以退回, 并要求按照国家统一的会计制度的规定更正、补充。

出纳日常工作的主要内容及流程如图 1 - 1 所示。

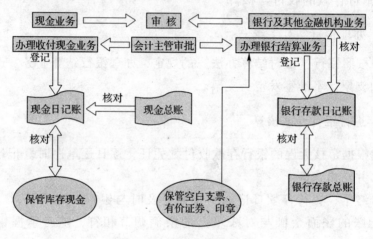

图 1 - 1　出纳工作流程图

1.1.4　出纳工作的特点

出纳工作的特点如表 1 - 1 所示。

表 1 - 1　　　　　　　　　　　　　出纳工作的特点

序号	特　点	内　　容
1	专业性	出纳要掌握货币资金收付业务的会计核算、业务审核、银行账户管理、现金管理的技能。
2	政策性	出纳必须掌握与工作相关的会计法律法规、会计制度及内部的管理规定。
3	基础性	出纳对象是货币资金收支过程, 出纳对货币资金的核算, 就是最基础的管理行为和手段。

序号	特 点	内 容
4	时间性	出纳办理每一笔货币资金的收付业务，都具有严格的时效性。应当做到日清月结。
5	责任性	出纳工作主要涉及货币资金的收付业务、保管，出纳人员应当具有极强的责任心。
6	采用收付实现制记账	由于货币资金的特殊性，应当采用收付实现制作为其记账基础。

1.1.5 出纳工作的组织

1. 出纳人员设置

出纳人员是指在单位出纳岗位上从事出纳工作的专职会计人员。各单位应当根据生产经营活动的实际需要，合理设置出纳人员。出纳人员应具备以下基本条件：

- 取得会计人员从业资格证书；
- 具备出纳工作必要的专业知识和专业技能；
- 具有良好的职业道德。

小知识

收付实现制是以收到或支付现金作为确认收入和费用依据的，与权责发生制相对应的一种确认基础。

2. 出纳岗位与会计岗位

从出纳岗位与会计岗位的设置来看，出纳与会计的岗位分工是非常明确的：会计负责除货币资金收付业务以外的总分类核算和明细分类核算；出纳负责货币资金收付业务的核算，以及有价证券收付、各种票据保管等工作，提供必要的货币资金信息，以满足会计核算的需要。单位在会计核算上，必须实行钱账分管，出纳人员不得兼任稽核、会计档案保管和收入、支出、费用、债权债务账目的登记工作。

同时，出纳与会计工作又是相互依赖、相互牵制的：出纳和会计核算的依据都是经济业务事项发生后取得的原始凭证，出纳在货币资金收付过程中取得或填制的原始凭证，也是会计核算的主要依据；但会计核算中未涉及货币资金收付业务而取得的原始凭证，不是出纳核算的对象和依据。出纳登记的现金日记账和银行存款日记账与会计登记的总分类账存在统驭和详细说明的关系，以及金额上的等量关系。

1.1.6 出纳工作的日程

一般情况下，出纳工作日程如表1-2所示。

表 1-2   出纳工作日程

顺序	内　　容
1	上班后，打开保险柜，检查现金、有价证券、各种票据及其他贵重物品。
2	按顺序办理各项收付款业务。
3	将所有的收付款单据编制记账凭证，送交审核人员进行复核。
4	登记现金日记账和银行存款日记账，结出账面余额。
5	下班前，对现金进行清查，核对库存现金实有数是否与现金日记账余额相符；发现不相符时，应当查找原因，及时纠正差错。
6	在记账会计人员登记总分类账以后，出纳应当将现金日记账、银行存款日记账与总分类账的本期发生额及余额进行核对。发现不相符时，应当查找原因，及时纠正差错。
7	在收到银行对账单的当天，出纳应当与银行存款日记账记录逐笔进行核对。如果发现未达账项，应当编制银行存款余额调节表，对银行存款日记账余额进行核对。如果银行存款日记账与银行对账单不相符，应当查明原因，督促有关人员尽快办理手续。
8	下班时，出纳应当整理好办公用品，锁好抽屉及保险柜。保险柜的密码锁必须乱码。出纳人员必须带走保险柜的钥匙。
9	根据单位需要，定期编制并报送出纳报告。
10	每月期末日，出纳应当及时结账，并对其保管的支票、发票和其他贵重物品进行清查。发现问题，及时查明原因，进行处理。

1.2　出纳岗位职责及权限

【主题词】　出纳职责　权限

1.2.1　出纳人员的岗位职责

1．办理现金收支

出纳人员应根据国家《现金管理暂行条例》的规定，具体办理现金的收支业务。非出纳人员，不得办理现金的收支业务。

2．办理银行结算业务

出纳人员应根据《票据法》、《银行支付结算制度》等有关规定，办理银行结算业务。非出纳人员，不得办理银行结算的收支业务。

3．登记现金、银行存款日记账

出纳人员根据已经编制的收、付款凭证，经其他会计人员审核无误后，逐笔序时登记现金和银行存款日记账，每日终了，应结出余额。银行存款账面余额要定期与银行对账单进行核对。月终，应及时编制银行存款余额调节表，使账面余额与对账单上余额相符。现金账面余额应与库存现金核对，使其账实相符。

对于现金收支业务和银行存款收支业务较多的单位，也可以编制现金、银行存款日报、旬报表，以反映现金和银行存款的收、支、存情况。

4．保证现金、有价证券、空白支票、印章的安全和完整

案例

某单位会计到上级部门财务处开会，散会时，财务处出纳员叫住该会计，说："有一笔返还你单位的现金，你能把它带回去交给出纳吗？"该会计二话没说，签了字就将现金拿走了。过了一段时间，该单位出纳员给上级部门财务处去电话询问现金返还时间，方知道会计已经取走。放下电话，出纳员就向会计要钱，可会计却说："现金我早就在捎回来的当天下午给你了。"

于是一桩悬案就产生了。

案例分析

从岗位职责的要求来分析，首先，是上级部门财务处出纳员的错误。任何单位的货币资金的收支及保管都必须只能由单位出纳员负责，其他人员未经单位领导特别授权，不得接触货币资金。所以，上级部门财务处出纳员让单位会计将款项捎回去是错误的。

其次，单位会计错误有二：一是越权办理现金业务；二是取回现金后没有与出纳办理书面交接手续，造成现金差错。单位会计应承担全部责任。

1.2.2　出纳人员的工作权限

出纳人员的工作权限主要表现在以下方面：

- 有权要求本单位有关部门、人员严格遵守国家财经纪律和财务会计制度；认真执行本单位的计划、预算，对于内部有关部门违反国家法规的情况，出纳人员有权拒绝付款、拒绝报销或拒绝执行，并及时向本单位领导或上级有关部门报告。

- 有权参与本单位编制计划、制订定额、对外签订经济合同，参加有关的生产、经营管理会议和业务会议；有权了解单位的生产经营情况，并提出自己的建议。

- 有权监督、检查本单位有关部门的财务收支、资金使用和财产保管、收发、计量、检验等情况。

1.3　出纳人员的职业素质和职业道德

【主题词】　职业素质　职业道德

1.3.1　出纳人员的职业素质

由于出纳工作涉及范围广泛、业务繁杂，对象具有特殊性要求，出纳人员职业素质与其他会计岗位要求不尽一致，一般如表 1-3 所示。

表 1 – 3   出纳人员职业素质的要求

顺序	内容	要　求
1	业务技能	掌握必要的会计知识，熟悉出纳业务，完成出纳业务核算。
2	法规知识	掌握必要的会计法律法规知识，熟记现金管理、银行结算等方面的规定。
3	制度标准	掌握本单位财务制度和规定，熟练处理各种出纳业务工作。
4	工作勤奋	按照出纳日程要求及时完成出纳工作，当日工作当日完成。
5	细致严谨	严格按照程序办理货币资金的收付业务，细致审核会计凭证，克服马虎现象。

1.3.2　出纳人员的职业道德

出纳人员的职业道德的主要内容如表 1 – 4 所示。

表 1 – 4   出纳人员职业道德的主要内容

序号	特征	内　容
1	爱岗敬业	热爱本职工作，尊重出纳职业，严肃认真，任劳任怨，忠于职守。
2	诚实守信	老实做人，诚实做事，不搞虚假，规规矩矩办理货币资金收付业务。
3	廉洁自律	面对钱欲、物欲的诱惑，做到自警、自省、自重，常在河边走，就是不湿鞋。
4	依法执业	依照会计法律法规的规定，严格办理业务。提供真实、完整的会计信息。
5	保守秘密	保守本单位在会计核算中形成的商业秘密，不得私自提供或者泄露。
6	客观公正	实事求是办理出纳业务，保持相对独立。
7	坚持原则	具有一定的职业操守，不徇私情，不惧权势，正确处理出纳业务。
8	强化服务	具有谦恭的态度，热情为出纳业务涉及的单位、部门、人员服务。

1.4 出纳工作的职能和一般程序

【主题词】 出纳职能 资金收付程序

1.4.1 出纳工作的职能

1. 收付职能

收付职能是出纳工作最基本的职能。一个单位的任何经营活动最终都会涉及款项的收付，或各种有价证券以及金融业务往来的办理。其中，现金、票据和有价证券的收付，以及银行存款收付业务的办理，都必须经过出纳工作岗位完成。

2. 核算职能

出纳工作的核算职能是指出纳要利用统一的货币计量单位，通过登记现金、银行存款日记账、有价证券的各种明细分类账，对本单位的货币资金、有价证券等进行详细反映，核算现金、银行存款、各种有价证券的增加、减少和结存情况，为本单位的货币资金、经济决策提供所需的完整、系统的经济信息。

3. 监督职能

出纳工作在对本单位的货币资金和有价证券进行详细地记录与核算的同时，还要对所发生的各种经济业务，特别是货币资金收付业务的合法性、合理性和有效性进行检查和监督，以保护货币资金的安全和完整，维护国家的财经法纪。

4. 管理职能

出纳工作不仅要对货币资金及有价证券进行收付、核算、监督，还要对货币资金及有价证券进行保管，对银行存款和各种票据进行管理。为此，可以对本单位的资金使用效益进行分析研究，甚至通过参与本单位各项经营决策、效益预测分析等发挥其在经济管理中的重要作用。

出纳工作职能的基本内容如图1-2所示。

图 1 - 2 出纳工作的职能

1.4.2 资金收付的一般程序

出纳人员办理货币资金收付业务，应当按照规定的程序进行业务处理，保证出纳工作的质量。

1. 货币资金收入的处理

（1）确认收入

> 清楚收入内容。出纳人员在收到货币资金时，应当清楚收款的内容是什么。如果是销售收入，应当根据合同确定其收款金额是否相符，并分别对当期收入、以前欠款、预收账款等情况进行处理；如果是收回代付款项，应当根据账簿记录确定其收款金额是否相符，并分别对代垫费用、个人借款、预借差旅费、收回押金等情况进行处理。

> 确定收入金额。出纳人员在收到货币资金时，应当清楚收款的金额是多少。如果是银行存款票据，应当及时送存开户银行；如果是现金，应当考虑库存现金限额的要求，及时将富余的现金送存开户银行。

> 明确付款人。出纳人员在收到货币资金时，应当清楚款项的付款人是谁，掌握付款人的全称和有关情况。对收到的背书票据，应由经办人做出说明。

（2）清点收入

> 现金清点。出纳人员在收到现金时，应当与经办人当面点清。

> 银行核实。出纳人员在收到银行结算票据时，应当核实有关票据书写内容、印章是否符合规定，如条件允许，可与其开户银行进行核对。银行结算票据送存开户银行后，一般情况下应等到款项划回后再进行账务处理。

（3）收入退回

如因特殊原因导致收入退回的，出纳人员应当及时与有关经办人员或对方单位联系，重新办理收款。

2. 货币资金支出的处理

（1）明确支出的金额和用途

➡ 明确收款人。出纳人员在支付每一笔货币资金时，应当清楚收款人，掌握收款人的全称和有关情况。

➡ 明确付款用途。出纳人员在支付每一笔货币资金时，应当清楚付款用途。

（2）付款审批

由经办人员填制付款单据，注明付款金额和用途，并提供相关验收证明；经办人员持手续完备的付款单据，报单位主管财务的负责人批准并签字；经办人员或收款人持内容完备的付款单据，经会计机构负责人和会计稽核人员审核后，由出纳人员办理付款。

（3）办理付款

出纳人员必须严格按照合同、发票确认的金额，验收入库的单据、经办人员的付款申请、单位财务负责人同意付款的签字等凭证支付款项。

➡ 现金付款。出纳人员与收款人员必须当面点清现金，出现差错，由出纳人员负责。

➡ 银行付款。出纳人员应当按照规定和要求填写银行结算票据，保证要素完整、书写正确、印鉴清晰，保证收款人按时收到款项。

（4）付款退回

如果发生付款退回，出纳人员应当立即查明原因，通知经办人员和收款单位，重新办理付款手续。

 本章牢记要点

➡ 注意出纳与出纳工作的区别。出纳是会计岗位，出纳工作是专职货币资金、票据、有价证券收、付、核算、保管的工作。

⊖ 出纳的岗位职责是办理货币资金收付业务、登记会计账簿、保证货币资金及其他物品的安全；出纳权限是依法遵守国家规定，保证货币资金收支的规范性。

⊖ 注意遵守出纳人员职业道德的"八条军纪"。

⊖ 出纳工作职能与出纳岗位职责最大的区别是前者增加了监督职能。

第二章

出纳应具备的业务知识

2.1 会 计

【主题词】 会计 基本前提 核算原则 会计等式

2.1.1 什么是会计

小知识

会计是一个古老的名词，清代学者焦循在《孟子正义》中说："零星算之为计，总合算之为会。"它包括了日常核算与定期总括核算两层内容，应当说是对"会计"两个字基本准确的解释。

会计是以货币为主要计量单位，以经济活动过程中产生的会计资料为依据，采用专门的技术方法，对会计主体的经济活动进行核算与监督并提供会计信息的一种管理活动。

会计通过对经济业务事项的确认、计量、记录和报告程序，提供的真实、准确、可靠的会计信息有助于社会各方面了解企业财务状况、经营成果和现金流量，并据以作出经济决策，进行宏观经济管理；有助于考核企业领导者经济责任的履行情况；有助于企业管理当局加强经营管理，提高经济效益。

2.1.2 会计的基本职能

会计的职能是指会计在经济管理过程中所具有的功能。会计的基本职能包括会计核算与会计监督。

　　● 会计核算是指会计对经济业务事项的确认、计量、记录、算账和报账的工作过程。

　　● 会计监督是指会计对经济业务事项的合法性、真实性、准确性和完整性进行审查的工作过程。

随着社会生产力水平的日益提高，会计在市场经济中的作用日益重要，会计的职能也在不断丰富和发展。除上述基本职能外，会计还具有预测经济前景、参与经济决策、控制经济运行过程、评价经营业绩等功能。

2.1.3 会计核算的基本前提

会计核算的基本前提是对会计核算所处的时间阶段、空间环境所作的合理假设。会计核算具体对象的确定、会计政策的选择、会计数据的搜集都要以基本前提为依据。

1. 会计主体

会计主体是指会计信息所反映的特定单位或组织，它规范了会计工作的空间范围。会计主体前提要求会计人员只能核算和监督其所在主体的经济活动。

会计主体并不等同于法律主体。一般来说，法律主体往往是一个会计主体，但会计主体并不一定是法律主体。在企业集团情况下，母子公司虽然是不同的法律主体，但为了全面反映企业集团的财务状况、经营成果和现金流量，有必要将企业集团作为一个会计主体，编制合并会计报表。

2. 持续经营

持续经营是指会计主体在可预见的未来，将按照正常的经营方针、规模和既定的经营目标继续经营下去。

明确持续经营前提的主要意义在于：会计核算应当以企业持续、正常的生产经营活动为前提，它可以使会计原则建立在非清算基础之上，从而为解决很多常见的资产计价和收益确认提供了基础。一旦企业进入破产清算，持续经营基础就将为清算基础所取代，从而使持续经营这一前提不复存在。

3. 会计分期

会计分期是指将一个企业持续经营的生产经营活动，人为地划分为一个个连续的、时间相等的期间。会计分期便于确认某个会计期间的收入、费用、利润，确认某个会计期末的资产、负债、所有者权益，编制财务会计报告。

根据《企业会计制度》的规定，会计期间分为年度、半年度、季度和月度，均按公历起讫日期确定。

明确会计分期前提的主要意义在于：它界定了会计信息的时间段落，为分期结算会计账目和编制财务会计报告，贯彻落实相关会计核算原则奠定了理论与实务基础。

4．货币计量

货币计量是指在会计核算中采用货币作为统一计量单位。

5．会计记录基础

企业应当以权责发生制为基础进行会计确认、计量和报告。

2.1.4　会计信息质量要求

会计信息质量要求是指进行会计核算必须遵循的基本规则和衡量会计工作成败的标准，具体包括以下内容。

1．客观性原则

企业应当以实际发生的交易或者事项为依据进行会计确认、计量和报告，如实反映符合确认和计量要求的各项会计要素及其他相关信息，保证会计信息真实可靠、内容完整。

2．相关性原则

企业提供的会计信息应当与财务会计报告使用者的经济决策需要相关，有助于财务会计报告使用者对企业过去、现在或者未来的情况作出评价或者预测。

3．明晰性原则

企业提供的会计信息应当清晰明了，便于财务会计报告使用者理解和使用。

4．可比性原则

企业提供的会计信息应当具有可比性。

同一企业不同时期发生的相同或者相似的交易或者事项，应当采用一致的会计政策，不得随意变更。确需变更的，应当在附注中说明。即单位的会计信息应当纵向可比。

不同企业发生的相同或者相似的交易或者事项，应当采用规定的会计政策，确保会计信息口径一致、相互可比。即单位的会计信息应当横向可比。

5．实质重于形式原则

企业应当按照交易或者事项的经济实质进行会计确认、计量和报告，不应仅以交易或者事项的法律形式为依据。

6．重要性原则

企业提供的会计信息应当反映与企业财务状况、经营成果和现金流量等有关的所有重要交易或者事项。

在评价具体项目的重要性时，很大程度上取决于会计人员的职业判断。一般来说，应当从质和量两个方面综合进行分析。从质来说，当某一事项有可能对决策产生一定影响时，就属于重要项目；从量来说，当某一事项的数量达到一定规模时，就可能对决策产生影响。

7．谨慎性原则

企业对交易或者事项进行会计确认、计量和报告，应当保持应有的谨慎，不应高估资产或者收益、低估负债或者费用。

在实际工作中，交易或事项的外在法律形式或人为形式并不总能完全真实地反映其经济实质。在某些情况下，交易或事项的实质可能与其外在法律形式所反映的内容不尽相同。

如果企业的会计核算仅仅按照交易或事项的法律形式或人为形式进行，而其法律形式或人为形式又未能反映其经济实质和经济现实，那么，会计核算的结果不仅不会有利于会计信息使用者的决策，反而会产生误导。

8．及时性原则

对于已经发生的交易或者事项，企业应当及时进行会计确认、计量和报告，不得提前或者延后。

2.1.5　会计计量

企业在将符合确认条件的会计要素登记入账并列报于会计报表及其附注（又称财务报表，下同）时，应当按照规定的会计计量属性进行计量，确定其金额。

会计计量属性主要包括：

1．历史成本

在历史成本计量下，资产按照购置时支付的现金或者现金等价物的金额，或者按照购置资产时所付出的对价的公允价值计量。负债按照因承担现时义务而实际收到的款项或者资产的金额，或者承担现时义务的合同金额，或者按照日常活动中为偿还负债预期需要支付的现金或者现金等价物的金额计量。

2．重置成本

在重置成本计量下，资产按照现在购买相同或者相似资产所需支付的现金或者现金等价物的金额计量。负债按照现在偿付该项债务所需支付的现金或者现金等价物的金额计量。

3．可变现净值

在可变现净值计量下，资产按照其正常对外销售所能收到现金或者现金等价物的金额扣减该资产至完工时估计将要发生的成本、估计的销售费用以及相关税费后的金额计量。

4．现值

在现值计量下，资产按照预计从其持续使用和最终处置中所产生的未来净现金流入量的折现金额计量。负债按照预计期限内需要偿还的未来净现金流出量的折现金额计量。

5．公允价值

在公允价值计量下，资产和负债按照在公平交易中，熟悉情况的交易双方自愿进行资产交换或者债务清偿的金额计量。

企业在对会计要素进行计量时，一般应当采用历史成本，采用重置成本、可变现净值、现值、公允价值计量的，应当保证所确定的会计要素金额能够取得并可靠计量。

2.1.6　会计恒等式

会计恒等式是会计理论和会计方法研究的重要内容。会计工作的一般对象是社会生产经营活动中的资金运动的全过程。按照资金在运动中的形态和作用，可以具体分为资产、负债、所有者权益、收入、费用和利润六个会计要素。会计要素在资金运动中又有静态和动态两种表现形式，从而构成了两个不同的会计等式，这两个会计等式紧密相关。

1．资产＝负债＋所有者权益

资产、负债、所有者权益是反映企业财务状况的会计要素。

财务状况是指企业一定日期的资产及权益情况，是资金运动相对静止时的状态和表现。

这是最基本的会计等式。资产是投入资本和借入资金的实物形态，它是由过去的交易或事项所引起的，能为企业带来经济利益。资产来源于所有者的投入资本和债权人的借入资本及其在经营过程中所产生的收益。资产归属于所有者的部分，形成所有者权益；归属于债权人的部分，形成企业负债。资产与权益必然相等。

提醒您

权益＝债权人权益＋所有者权益

资产与权益的恒等关系，是复式记账法的理论基础，也是编制资产负债表的依据。

2．收入－费用＝利润

收入、费用、利润是反映企业一定期间经营成果的会计要素，是资金运动在变动时的状态和表现。

企业一定时期所获得的收入扣除所发生的各项费用后的余额，即表现为利润。收入、费用和利润之间所形成的恒等关系，是编制利润表的依据。

2.2　会计要素

【主题词】　会计要素　会计科目

会计要素是对会计对象按其经济特征所作的基本分类，是设计会计报表结构和内容的依据，也是对经济业务事项进行确认和计量的依据。对会计要素进行严格的定义，能够为会计核算奠定坚实的基础。

小知识

资产、负债、所有者权益构成资产负债表的基本框架，收入、费用、利润构成利润表的基本框架，因而这六个会计要素又称会计报表要素。

会计要素包括资产、负债、所有者权益、收入、费用和利润。

企业的资金运动具有显著的运动状态和相对静止状态，它由资金投入、资金循环与周转、资金退出三部分构成。

资金投入包括所有者投入和债权人投入两类，这些投入的资金从实物和形态上形成企业的资产总额；债权人对投入的资金具有求偿权，从而表现为企业的负债；所有者对投入的资金具有所有权，从而表现为企业的所有者权益。

一方面，从一定日期这一相对静止状态来看，资产总额与负债及所有者权益的合计必然相等，由此分离出资产、负债及所有者权益三个资金运动静止状态下的会计要素。

另一方面，资产在资金循环与周转中，会发生一定的耗费，取得或生产出一定数量的商品，商品销售后会获得货币收入，收支相抵后可计算出当期损益，由此分离出收入、费用及利润三个资金运动变动状态下的会计要素。

2.2.1 什么是资产

1. 资产的概念

资产是指过去的交易、事项形成并由企业拥有或者控制的资源，该资源预期会给企业带来经济利益。

资产具有以下特征：

- 资产是由过去的交易或事项形成的资源。资产必须是现实的资产，而不能是预期的资产。只有过去发生的交易或事项才能增加或减少企业的资产，未来的交易或事项以及可能发生的结果，都不属于现在的资产。
- 资产是企业拥有或者控制的资源。一般来说，企业要将一项资源确认为资产，应该拥有该资源的所有权；有些资源虽然不为企业所拥有，但是企业能够实际控制，也应确认为企业资产。

⊙ 资产能够直接或间接地给企业带来经济利益。经济利益是指直接或间接地流入企业的现金或现金等价物。不能给企业带来经济利益的，就不能确认为企业的资产。

2．资产的分类

资产按其流动性不同，可以分为流动资产、长期投资、固定资产、无形资产及其他资产。

⊙ 流动资产是指可以在一年或者超过一年的一个营业周期内变现或者耗用的资产，包括资金、银行存款、短期投资、应收及预付款项、待摊费用、存货等。

⊙ 长期投资是指不准备在一年内变现的投资，包括长期股权投资、长期债权投资和其他长期投资等。

⊙ 固定资产是指企业为销售商品、提供劳务、出租或经营管理而持有的，使用年限超过一年的，单位价值较高的资产。

⊙ 无形资产是指企业为生产商品或者提供劳务、出租给他人或为管理目的而持有的、没有实物形态的非货币性长期资产。

⊙ 其他资产是指除上述资产以外的资产，如长期待摊费用等。

案例 1

某公司若干年前生产的一批产品价值 100 万元，因市场变化已无法销售，且因时间对产品质量的影响造成产品变质。该公司在编制年度资产负债表时，一直把这批产品列报在"存货"项目中反映。请问：企业会计准则是如何规定的？指出该公司存在的错误，并提出正确的处理方法。

案例分析

《企业会计准则——存货》规定：存货是指企业在正常生产经营过程中持有以备出售的产成品或商品，或者为了出售仍然处在生产过程中的在产品，或者将在生产过程或提供劳务过程中耗用的材料、物料等。《企业会计准则——或有事项》规定：资产是指过去的交易、事项形成并由企业拥有或者控制的资源，该资源预期会给企业带来经济利益。

该公司将已变质且不能出售的产品继续列示在资产负债表的"存货"项目中反映，不符合企业会计准则的规定。正确的做法是全额计提存货跌价准备，将 100 万元的价值计入当期损失。

2.2.2 什么是负债

1. 负债的概念

负债是指过去的交易或事项形成的现时义务，履行该义务预期会导致经济利益流出企业。

负债具有以下特征：

- 负债是企业的现时义务。负债作为企业的一种义务，是由过去的交易或事项形成的、现已承担的义务。

- 负债是企业将来要清偿的义务。对于已经形成的支付义务，按照权责发生制的核算原则，不论其款项是否实际支付，都要把它作为企业的负债处理。

- 负债的清偿预期会导致经济利益流出企业。无论负债对应的现时义务是法定义务还是推定义务，其履行均会导致经济利益流出企业。

2. 负债的分类

负债按其流动性不同，可以分为流动负债和长期负债。

- 流动负债是指将在一年或者不足一年的一个营业周期内偿还的债务，包括短期借款、应付票据、应付账款、预收账款、应付工资、应付福利费、应付股利、应交税金、其他暂收应付款项、预提费用和一年内到期的长期借款等。

- 长期负债是指偿还期在一年或者超过一年的一个营业周期以上的债务，包括长期借款、应付债券、长期应付款等。

2.2.3 什么是所有者权益

所有者权益是指所有者在企业资产中享有的经济利益，其金额为资产减去负债后的余额。

所有者权益具有以下特征：

- 除非发生减资、清算行为，企业不需要偿还所有者权益。

- 企业清算时，只有在清偿所有的负债后，所有者权益才返还给所有者。

- 所有者凭借所有者权益能够参与利润的分配。

所有者权益包括实收资本（或者股本）、资本公积、盈余公积和未分配利润。

小知识

实收资本和资本公积是由企业所有者直接投入的。盈余公积和未分配利润是企业在生产经营过程中实现的利润留存在企业所形成的，因而又合称为留存收益。

2.2.4　什么是收入

收入是指企业在销售商品、提供劳务及让渡资产使用权等日常活动中所形成的经济利益的总流入。

收入具有以下特征：

- 收入是从企业的日常经营活动中产生的，而不是从偶发的交易或事项中产生。
- 收入可能表现为企业资产的增加，或负债的减少，或二者兼而有之。
- 收入能引起企业所有者权益的增加。
- 收入只包括本企业经济利益的流入，而不包括为第三方或客户代收的款项。

2.2.5　什么是费用

1.　什么是费用

费用是指企业为销售商品、提供劳务等日常活动所发生的经济利益的流出。

费用按照其在经营活动中的作用不同，可以分为直接费用和期间费用两种。

直接费用由构成产品成本的直接材料、直接人工和制造费用三个成本项目构成，期间费用包括管理费用、财务费用和营业费用三项。

费用具有以下特征：

- 费用是指企业在日常经营活动中发生的经济利益的流出，而不是从偶然的交易或事项中发生的经济利益的流出。
- 费用可能表现为资产的减少，或负债的增加，或二者兼而有之。

费用将引起所有者权益的减少。

2. 什么是成本

成本是指企业为制造产品而发生的费用，通常由物化劳动转移的费用和活劳动所耗费的费用两部分构成。

2.2.6　什么是利润

利润是指企业一定期间的经营成果。利润包括营业利润、利润总额和净利润。

营业利润是指主营业务收入减去主营业务成本和主营业务税金及附加，加上其他业务利润，减去期间费用后的余额。

利润总额是指营业利润加上投资收益、补贴收入、营业外收入，减去营业外支出后的金额。

净利润是指利润总额减去所得税后的金额。

2.2.7　会计科目

会计科目是为记录经济业务事项而对会计要素按其经济内容所进行的具体分类。根据企业会计制度的规定，会计科目按照其所反映的经济内容，可以分为资产类会计科目、负债类会计科目、所有者权益类会计科目、成本类会计科目和损益类会计科目五个大类。其中损益类会计科目又可分为收入类会计科目和费用类会计科目两个小类。以小企业会计制度为例，统一的会计科目见表2-1。

表2-1　　　　　　　　　　总分类（一级）会计科目表

顺序号	科目编号	会计科目名称	顺序号	科目编号	会计科目名称
		资产类	6	1111	应收票据
1	1001	现金	7	1121	应收股息
2	1002	银行存款	8	1131	应收账款
3	1009	其他货币资金	9	1133	其他应收款
4	1101	短期投资	10	1141	坏账准备
5	1102	短期投资跌价准备	11	1201	在途物资

续表

顺序号	科目编号	会计科目名称	顺序号	科目编号	会计科目名称
12	1211	材料	38	2191	预提费用
13	1231	低值易耗品	39	2201	待转资产价值
14	1243	库存商品	40	2301	长期借款
15	1244	商品进销差价	41	2321	长期应付款
16	1251	委托加工物资			所有者权益类
17	1261	委托代销商品	42	3101	实收资本
18	1281	存货跌价准备	43	3111	资本公积
19	1301	待摊费用	44	3121	盈余公积
20	1401	长期股权投资	45	3131	本年利润
21	1402	长期债权投资	46	3141	利润分配
22	1501	固定资产			成本类
23	1502	累计折旧	47	4101	生产成本
24	1601	工程物资	48	4105	制造费用
25	1603	在建工程			损益类
26	1701	固定资产清理	49	5101	主营业务收入
27	1801	无形资产	50	5102	其他业务收入
28	1901	长期待摊费用	51	5201	投资收益
		负债类	52	5301	营业外收入
29	2101	短期借款	53	5401	主营业务成本
30	2111	应付票据	54	5402	主营业务税金及附加
31	2121	应付账款			
32	2151	应付工资	55	5405	其他业务支出
33	2153	应付福利费	56	5501	营业费用
34	2161	应付利润	57	5502	管理费用
35	2171	应交税金	58	5503	财务费用
36	2176	其他应交款	59	5601	营业外支出
37	2181	其他应付款	60	5701	所得税

2.3 借贷记账法

【主题词】 借贷记账法 会计分录

2.3.1 什么是借贷记账法

借贷记账法是以"借"和"贷"作为记账符号，记录会计要素增减变动过程和结果的一种复式记账方法。

借贷记账法中，"借"字的原意是表示债权（应收款），"贷"字的原意是表示债务（应付款）。现代会计中，"借"和"贷"已失去原有含义，只作为记账符号。

复式记账法是指对发生的每一笔经济业务事项，都要以相等的金额在相互联系的两个或两个以上的账户中进行登记。

2.3.2 借贷记账法的账户结构

借贷记账法账户的基本结构是：每一个账户的左方为"借方"，右方为"贷方"。记账时，借贷两方必须做相反方向的记录。一方登记增加额，另一方必须登记减少额。具体哪一方登记增加额或者减少额，应根据账户反映的经济内容和账户性质确定。

- 资产类账户，借方登记增加额，贷方登记减少额，余额一般在借方；
- 负债类账户，贷方登记增加额，借方登记减少额，余额一般在贷方；
- 收入类账户，贷方登记增加额，借方登记减少额或转出额，一般期末无余额；
- 费用类账户，借方登记增加额，贷方登记减少额或转出额，一般期末无余额。

2.3.3 借贷记账法的记账规则

借贷记账法的记账规则是："有借必有贷，借贷必相等。"即对已确认的每一笔经济业务事项都要在借和贷的两个或两个以上的账户中进行登记，而且在这些账户中登记的金额必须相等。

2.3.4　借贷记账法的会计分录

会计分录是确认经济业务事项应借应贷的方向、所涉及的账户名称和金额的记录事项。一般情况下，由一个账户与另一个账户相对应组成的会计分录称为简单会计分录；由两个以上账户相对应组成的会计分录称为复合会计分录。会计分录应当按照"先借后贷"的顺序进行编制。

2.3.5　借贷记账法的试算平衡

试算平衡是根据"资产＝负债＋所有者权益"的会计恒等式所确立的平衡关系，按照"有借必有贷，借贷必相等"记账规则的要求，通过计算和比较，检查账户记录正确性的一种方法。一般情况下，会计记录会形成以下平衡关系：

- 期初余额试算平衡。即期初借方余额合计＝期初贷方余额合计。
- 本期发生额试算平衡。即本期借方发生额合计＝本期贷方发生额合计。
- 期末余额试算平衡。即期末借方余额合计＝期末贷方余额合计。

2.4　会计凭证

【主题词】　会计凭证　原始凭证　记账凭证

2.4.1　什么是会计凭证

会计凭证是记录经济业务事项、明确经济责任并据以登记会计账簿的书面证明。会计凭证按照填制的程序和用途的不同，可以分为原始凭证和记账凭证两类。

2.4.2　什么是原始凭证

原始凭证是在经济业务事项发生或完成时取得或填制的，用以记录和证明经济业务事项已经发生或完成的原始证据，是登记会计账簿的原始依据。

一般情况下，从会计主体之外因经济业务事项发生或完成而取得的原始凭证，称为外来原始凭证；从会计主体内部因经济业务事项发生或完成而取得的原始凭证，称为自制原始凭证。

1. 原始凭证填制

填制原始凭证要由填制人员将各项原始凭证要素按规定方法填写齐全，办妥签章手续，明确经济责任。具体填制有以下几个方面要求：

（1）必须根据实际发生的经济业务事项取得或填制原始凭证

任何单位不得以虚假的经济业务事项或者资料进行会计核算。

（2）内容填写齐全

原始凭证各项内容，必须按规定填写，不得遗漏：

🔄 原始凭证日期，应当填制经济业务事项发生当日的日期。

🔄 抬头，应当填制接受凭证的单位全称。

🔄 经济业务内容、规格型号和数量，应当根据经济业务事项的实际如实填写。

🔄 原始凭证记载的各项内容均不得涂改，填写中如果发生错误，外来原始凭证应当由出具单位重开或者更正，更正处应当加盖出具单位印章；自制原始凭证应当重开，如确需更正的，由经办人员在更正处加盖人名章。

小知识

会计法规定，原始凭证金额有错误的，应当由出具单位重开，不得在原始凭证上更正。

🔄 凡填有大写和小写金额的原始凭证，大写和小写金额必须相符。原始凭证大写或小写金额有错误时，应当由出具单位重开，不得在原始凭证上更正。

（3）责任必须明确

🔄 从外单位取得的原始凭证，必须盖有填制单位的公章。

- 从个人取得的原始凭证，必须有填制人员的签名或者盖章。
- 如果购买物品种类较多时，应当附明细单。
- 自制原始凭证，必须有内部会计控制制度规定的领导和指定人员的签名或者盖章。
- 一式几联的原始凭证，应当注明各联的用途，只能以一联作为报销凭证。一式几联的发票或收据，必须用双面复写纸套写。作废时，应当加盖"作废"戳记，粘贴在原票据上，连同存根一起保存，不得撕毁。

（4）书写格式规范

- 填写原始凭证，要用蓝黑墨水或者碳素墨水书写。
- 冲账或者冲销错误记录时，可以使用红色墨水。
- 合计的小写金额和大写金额前面，应当书写货币币种符号或名称。
- 货币币种符号或名称与大写和小写金额之间，不得留有空白。

2．原始凭证审核

原始凭证审核，主要包括三个方面的内容：

（1）合规性审核

主要看发生的经济业务事项是否在国家法律允许的范围内，是否按照规定的程序办理经济业务事项，取得或填制的原始凭证是否符合法律的规定。

（2）真实性审核

主要看是否根据实际发生的经济业务事项取得或填制原始凭证，原始凭证的各项内容是否按照实际情况填写，大写和小写金额是否准确。

（3）技术性审核

- 一要审抬头，看是否与报账单位（人）相符；
- 二要审日期，看是否与实际发生经济业务事项的日期相符；
- 三要审项目内容，看是否与经济业务事项内容相符；
- 四要审金额，看是否计算正确；

🔄 五要审大写和小写金额，看是否一致，有无更改；

🔄 六要审单位或财务公章，看是否与交易或收款单位名称相符；

🔄 七要审原始凭证联次，看联次使用是否正确；

🔄 八要审原始凭证的票面，看是否有涂改作假现象。

案例 2

某公司业务员购买商品，取得一张手工填制的发票，商品已验收入库。报销时稽核人员发现，发票上的小写金额有更改痕迹，要求业务员进行更正。该业务员到出票单位进行更正，出票单位未重开发票，只在小写金额的更改处加盖了单位公章予以证明。业务员将加盖公章后的发票交给稽核人员进行审核，稽核人员同意记账。

请问：稽核人员对发票的审核是否正确？会计法是如何规定的？

案例分析

《会计法》第十四条第四款规定：原始凭证记载的各项内容均不得涂改；原始凭证有错误的，应当由出具单位重开或者更正，更正处应当加盖出具单位印章。原始凭证金额有错误的，应当由出具单位重开，不得在原始凭证上更正。

因此，该公司稽核人员对发票的审核是不正确的，应当要求出票单位重开。

2.4.3　什么是记账凭证

记账凭证是根据经过审核的原始凭证及有关资料，按照经济业务事项内容进行归类、整理，确定会计分录而编制的，直接作为登记会计账簿依据的凭证。

1. 记账凭证填制

（1）记账凭证日期，应以财会部门受理经济业务事项的日期为准。年、月、日应写全。

（2）填制记账凭证时，应当对记账凭证进行连续编号。

编号时，可以按总字顺序编号，也可按凭证类别顺序编号。使用哪种方法编号，应根据各单位经济业务事项发生数量的多少或者需要编制记账凭证张数的多少自行决定。但是无论采用哪种方法编号，都应当按月进行顺序自然编号，不得全年连续编号。

一笔经济业务涉及一借多贷或一贷多借，一张凭证不够时，可以采用分数编号法编号。

（3）填制记账凭证摘要，应简明扼要，说明问题。

（4）会计科目内容、记账方向及金额填制要求做到：

- 无论手写、机打，会计科目必须逐个填写汉字科目全称，不得用科目编号或外文字母代替；遇到连续相同的会计科目时，也不得用省略符号代替。如使用会计科目章，要用蓝色印油，并与横格底线平行盖正。

- 填制会计科目时应先填写借方科目，后填写贷方科目，且借方金额合计与贷方金额合计应当一致。

- 每张记账凭证只能反映一项经济业务，除少数特殊业务外，不得人为将不同经济业务汇总填制多借多贷、对应关系不清的记账凭证。

- 记账凭证合计行金额数字前必须填写人民币符号"￥"。

- 记账凭证填制完经济业务事项后，如有空行，应当自金额栏最后一笔金额数字下的右上角处至最底一行的左下角处划一条对角斜线注销。

- 记账凭证所填金额要和所附原始凭证或原始凭证汇总表的金额一致。

（5）记账凭证应附的原始凭证：

- 除结账和更正错误的记账凭证可以不附原始凭证外，其他记账凭证必须附有原始凭证。

- 如果一张原始凭证涉及几张记账凭证，可以把原始凭证附在一张主要的记账凭证后面，并在其他记账凭证上注明附有该原始凭证的记账凭证的编号或者附原始凭证复印件。

- 附件张数按原始凭证汇总表的张数计算，不涉及汇总的按原始凭证自然张数计算。

- 填写原始凭证张数时，应当使用阿拉伯数字，采用横排方式自左至右书写。

（6）记账凭证填制完毕后，应当按照规定进行审核，并作为登记会计账簿的依据。

审核后，应由制单、审核、出纳、记账、会计主管等人员在相关位置上签名或盖章。注意，盖姓名章要用红色印油。

（7）实行会计电算化的单位，对于机制记账凭证，也应当符合国家统一的会计制度的规定。

（8）填制银行收款凭证、银行付款凭证和现金收款凭证、现金付款凭证时，还应注意以下几个方面的问题：

提醒您

会计法规定，记账凭证应当根据经过审核的原始凭证及有关资料编制。

- 银行存款和现金的收付款项应写明收付对象、结算种类、支票号码和款项主要内容。

- 购买实物的原始凭证，必须有验收证明。支付款项的原始凭证，必须有收款单位和收款人的收款证明。

- 发生销货退回的，除填制退货发票外，还必须有退货验收证明；退款时，必须取得对方的收款收据或者汇款银行的凭证，不得以退货发票代替收据。

- 职工公出借款凭据，必须附在记账凭证之后。收回借款时，应当另开收据或者退还借据副本，不得退还原借款收据。

- 经上级有关部门批准的经济业务，应当将批准文件作为原始凭证附件。如果批准文件需要单独归档的，应当在凭证上注明批准机关名称、日期和文件字号。

- 一张原始凭证所列支出需要几个单位共同负担的，应当将其他单位负担的部分，开给对方原始凭证分割单，进行结算。

- 收款和付款记账凭证必须由出纳人员签名或者盖章。

记账凭证错误时如何更正

在填制记账凭证时发生错误，应当重新填制。

已经登记入账的记账凭证，在当年内发现填写错误的，可以用红字填写一张与原内容相同的记账凭证，在摘要栏注明"冲销某月某日某号凭证"字样，同时再用蓝字重新填制一张正确的记账凭证，注明"更正某月某日某号凭证"字样。如果会计科目没有错误，只是金额错误，也可以将正确数字与错误数字之间的差额，另编一张调整的记账凭证，调增金额用蓝字，调减金额用红字。发现以前年度记账凭证有错误的，应当用蓝字填制一张更正的记账凭证。

2．记账凭证审核

记账凭证主要审核以下几个方面的内容：

◒ 对记账凭证所附的原始凭证内容进行复核。

◒ 审核记账凭证记录的内容与所附原始凭证内容是否相符。

◒ 审核会计科目填写是否正确，应借应贷的方向是否正确，记录金额是否正确。

◒ 审核记账凭证其他项目填写是否齐全，有关人员特别是出纳人员是否都已签章。

2.4.4 会计凭证的传递与保管

1．会计凭证的传递

会计凭证的传递程序应当科学、合理，具体办法由各单位根据会计业务需要自行规定，但必须保证及时传递，不得积压。

科学的传递程序，应该使会计凭证沿着最迅速、最合理的流向进行，因此，在制订会计凭证传递程序时，应当注意考虑下面三个问题：

◒ 一要根据经济业务的特点、企业内部机构的设置和人员分工的情况，以及经营管理上的需要，恰当地规定各种会计凭证的联数和所流经的必要环节，做到既要使各有关部门和人员能利用凭证了解经济业务情况，并按照规定手续进行处理和审核，又要避免凭证传递通过不必要的环节，影响传递速度。

◒ 二要根据有关部门和人员对经济业务办理必要手续（如计量、检验、审核、登记等）的需要，确定凭证在各个环节停留的时间，保证业务手续的完成。又要防止不必要的耽搁，从而使会计凭证以最快速度传递，以充分发挥其及时传递经济信息的作用。

◒ 三要建立凭证交接的签收制度。为了确保会计凭证的安全和完整，在各个环节中都应指定专人办理交接手续，做到责任明确，手续完备、严密，简便易行。

2．会计凭证的保管

会计凭证的保管，是指会计凭证登账后的整理、装订和归档存查。会计凭证是登记账簿的依据，是重要的经济档案和历史资料，所以会计机构、会计人员要妥善保管会计凭证。

对会计凭证的保管，既要做到会计凭证的安全和完整无缺，又要便于凭证的事后调阅和查找。

会计凭证保管的主要方法和要求是什么

会计凭证保管的主要方法和要求是：

→ 会计凭证登记完毕后，应当按照分类和编号顺序保管，不得散乱丢失。

→ 记账凭证应当连同所附的原始凭证或者原始凭证汇总表，按照编号顺序，折叠整齐，按期装订成册，并加具封面，注明单位名称、年度、月份和起讫日期、凭证种类、起讫号码，由装订人在装订线封签处签名或者盖章。

→ 对于数量过多的原始凭证，可以单独装订保管，在封面上注明记账凭证日期、编号、种类，同时在记账凭证上注明"附件另订"和原始凭证名称及编号。

→ 各种经济合同、存出保证金收据以及涉外文件等重要原始凭证，应当另编目录，单独登记保管，并在有关的记账凭证和原始凭证上相互注明日期和编号。

→ 会计凭证的保管期限和销毁手续，必须严格执行国家会计制度的规定，任何人无权自行随意销毁。

案例3

在会计信息质量检查中，检查人员发现某公司为完成当年上级下达的经济指标，年末虚开发票，提前确认收入。请问该公司违反了哪条会计规定？应如何处理？

案例分析

该公司违反了权责发生制的计量基础和客观性原则。会计基本准则规定：企业应当以权责发生制为基础进行会计确认、计量和报告。凡是当期已经实现的收入和已经发生或应当负担的费用，不论款项是否收付，都应当作为当期的收入和费用；凡是不属于当期的收入和费用，即使款项已在当期收付，也不作为当期的收入和费用。

客观性原则要求企业应当以实际发生的交易或事项为依据进行会计确认、计量和报告，如实反映符合确认和计量要求的各项会计要素及其他相关信息，保证会计信息真实可靠、内容完整。

检查人员应要求企业对虚增收入进行调账，并重新编制调整后的会计报告。作为重大会计差错，向有关部门报告。根据相关法规，给予单位和直接责任人必要的处罚。

2.5　会计账簿

【主题词】　会计账簿　总账　明细账　日记账　辅助账

2.5.1　会计账簿的概念与种类

会计账簿是由一定格式的账页组成的，以会计凭证为依据，用以全面、系统、连续记录经济业务事项的簿籍。

会计账簿按用途可以分为序时账簿、分类账簿和备查账簿；按格式可以分为三栏式账簿、数量金额式账簿和多栏式账簿；按外表形式可以分为订本式账簿、活页式账簿和卡片式账簿。

会计法对建账有何规定

《会计法》第三条规定：各单位必须依法设置会计账簿，并保证其真实、完整。第十五条第一款规定：会计账簿包括总账、明细账、日记账和其他辅助性账簿。第十六条规定：各单位发生的各项经济业务事项应当在依法设置的会计账簿上统一登记、核算，不得违反本法和国家统一的会计制度的规定私设会计账簿登记、核算。

2.5.2　现金日记账格式

现金日记账应采用三栏式的订本式账簿格式，其格式如表2-2所示。

表2-2　　　　　　　　　　　　　　现金日记账

年		凭证		摘要	对方科目	借方	贷方	余额
月	日	字	号					

现金日记账采用序时登记的方法。由出纳人员根据现金收、付款凭证，按照现金日记账的格式要求，逐日逐笔顺序登记。借方根据现金收款凭证或从银行提现填制的银行存款付款凭证登记，贷方根据现金付款凭证登记。每日终了，必须结出当日现金收入、支出的合计数及账面结存数，并将账面结存数与库存现金相互核对，作到日清月结。

2.5.3 银行存款日记账格式

银行存款日记账应采用三栏式的订本式账簿格式，其格式如表 2 - 3 所示。

表 2 - 3 　　　　　　　　　　　　　银行存款日记账

年		凭证		摘要	对方科目	结算凭证		借方	贷方	余额
月	日	字	号			种类	号数			

银行存款日记账采用序时登记的方法。由出纳人员根据银行存款收、付款凭证，按照银行存款日记账的格式要求，逐日逐笔顺序登记。借方根据银行存款收款凭证或将现金送存银行填制的现金付款凭证登记，贷方根据银行存款付款凭证登记。每日终了，必须结出当日银行存款收入、支出的合计数及账面结存数。

银行存款日记账应当定期或不定期与开户银行提供的银行存款对账单进行核对，但每月末至少核对一次。

月末，应当编制银行存款余额调节表，检查银行存款记录的正确性。对银行未达账项，出纳人员必须与经办人员进行认真核对，查找原因，督促其尽快报账。

2.6　会计报表

【主题词】　会计报表　资产负债表　利润表　现金流量表　出纳报告

2.6.1　什么是资产负债表、利润表、现金流量表

➲ 资产负债表是反映企业某一特定日期财务状况的会计报表。一般情况下，特定日期是指法律法规规定的结账日。结账日是公历的月度、季度、半年度、年度的最后一天。

➲ 利润表是反映企业在一定会计期间经营成果的报表。

➲ 现金流量表是反映企业一定会计期间现金和现金等价物流入和流出情况的报表。

小知识

财务会计报告是指企业对外提供的反映企业某一特定日期财务状况和某一会计期间经营成果、现金流量的文件。

2.6.2　什么是出纳报告

出纳报告是出纳人员根据现金日记账和银行存款日记账等核算资料定期编制，向单位负责人报告现金和银行存款的收支和结存情况的报表。出纳报告的现金和银行存款期末结存数，必须与总账会计核对期末余额。出纳报告是企业内部报表，格式可以自行确定。一般情况下，出纳报告格式可参考表2-4。

表2-4　　　　　　　　　　　　　出纳报告单

单位名称：　　　　年　月　日至　年　月　日　　　编号：

项目	上期结存	本期收入	本期支出	期末结存	备　注
现金					
银行存款					
其他货币资金					
有价证券					
合计					

案例 4

在财政部门依法实施的会计信息质量检查中，发现某公司会计未分别设置总账和明细账，而是设置了一本流水账，顺序登记所有发生的经济业务事项，会计期末，根据会计科目发生额和余额汇总结果编制财务会计报告。请问：根据会计法的规定应如何处理？

案例分析

《会计法》第四十二条规定：不依法设置会计账簿的，由县以上人民政府财政部门责令限期改正，可以对单位并处 3 000 元以上 5 万元以下的罚款；对其直接负责的主管人员和其他直接责任人员，可以处 2 000 元以上 2 万元以下的罚款。

本章牢记要点

- 注意实质重于形式原则，就是交易的经济实质高于法律形式。
- 注意权责发生制计量基础，就是按权益的实际归属期间确认收入和支出。
- 注意谨慎性原则，就是不高估资产价值，不低估负债或损失。
- 注意资产的本质特征是，预期可以给企业带来经济利益的流入。
- 注意借贷记账法的"借"或"贷"，在现代会计中只是记账符号。
- 注意资产负债表概念中的"特定日期"，是指法定的结账日。

第三章

银行存款管理及核算

3.1 银行账户管理

【主题词】 银行存款账户 管理

银行存款账户是指存款人在中国境内银行或其他金融机构中开立的人民币或人民币以外的其他货币存款、支取、转账结算和贷款户头的总称。

3.1.1 银行账户管理的基本原则

根据《银行账户管理办法》的规定，银行账户管理应当遵守以下原则：

提醒您

存款人开立多个基本存款账户的，中国人民银行责令限期撤销多余账户，并处以 5 000 元至 10 000 元罚款。

- 一个基本账户原则：存款人只能在银行开立一个基本存款账户。存款人在银行开立基本存款账户，实行由中国人民银行当地分支机构核发开户许可证制度。
- 自愿选择原则：存款人可以自主选择开户银行，银行也可以自愿选择存款人为其开立账户。任何单位和个人不得干预存款人在银行开立或使用账户。
- 保密原则：银行应当依法为存款人保密，维护存款人资金自主支配权，不代任何单位和个人查询、冻结、扣划存款人账户内存款。国家法律规定的监督项目除外。
- 足额支付原则：存款人应当保证其银行账户内有足够的资金用于支付，不得开出空头支票、办理假汇款等违规行为。

3.1.2 银行账户管理的基本要求

银行账户管理的基本要求是：

- 认真遵守中国人民银行关于账户管理和支付结算的规定。
- 存款人不能在多家银行开立基本存款账户。存款人不能在同一家银行的分支机构开立一般存款账户。不准违反规定开立和使用账户。
- 存款人的账户只能办理存款人本身的业务活动，不得出租和转让账户。
- 存款人不得因开户银行严格执行制度和纪律而转移基本存款账户。

➲ 单位和个人办理支付结算，不准签发没有资金保证的票据或远期支票，套取银行信用；不准签发、取得和转让没有真实交易和债权债务的票据，套取银行和他人资金；不准无理拒绝付款，任意占用他人资金。

3.1.3　银行账户的开户条件

存款人申请开立基本存款账户，应填制开户申请书，提供规定的证件，送交盖有存款人印章的印鉴卡片，经银行审核同意，并凭中国人民银行当地分支机构核发的开户许可证开立账户。《银行账户管理办法》规定存款人应向开户银行提交如下证明文件：

提醒您

存款人不能在多家银行开立基本存款账户。基本存款账户是各单位办理日常转账结算和现金收付的账户，单位的工资、奖金等现金的支取必须通过基本存款账户办理。

➲ 当地工商行政管理机关核发的《企业法人执照》或《营业执照》正本；
➲ 中央或地方编制委员会、人事、民政等部门的批文；
➲ 军队军以上、武警总队财务部门的开户证明；
➲ 单位对附设机构同意开户的证明；
➲ 驻地有权部门对外地常设机构的批文；
➲ 承包双方签订的承包协议；
➲ 个人的居民身份证和户口簿。

3.1.4　基本存款账户的开户条件

下列存款人可以申请开立基本存款账户：
➲ 企业法人；
➲ 企业法人内部单独核算的单位；
➲ 管理财政预算资金和预算外资金的财政部门；
➲ 实行财政预算管理的行政机关、事业单位；
➲ 县级（含）以上军队、武警单位；
➲ 外国驻华机构；
➲ 社会团体；

🔘 单位附设的食堂、招待所、幼儿园；

🔘 外地常设机构；

🔘 私营企业、个体经济户、承包户和个人。

3.1.5 一般存款账户的开户条件

一般存款账户是各单位基本存款账户以外的银行借款转存、与单位不在同一地点的附属非独立核算单位开立的账户。单位可以通过该账户办理转账结算和现金缴存业务，但不能办理现金支取业务。下列情况，存款人可以申请开立一般存款账户：

🔘 在基本存款账户以外的银行取得借款的；

🔘 与基本存款账户的存款人不在同一地点的附属非独立核算单位。

存款人申请开立一般存款账户，应向开户银行出具下列证明文件之一：

🔘 借款合同或借款借据；

🔘 基本存款账户的存款人同意其附属的非独立核算单位开户的证明。

3.1.6 临时存款账户的开户条件

临时存款账户是单位因临时经营活动需要开立的账户，单位可以通过该账户办理转账结算和符合现金管理规定的现金收付业务。下列情况，存款人可以申请开立临时存款账户：

🔘 外地临时机构；

🔘 临时经营活动需要的。

存款人申请开立临时存款账户，应向开户银行出具下列证明文件之一：

🔘 当地工商行政管理机关核发的临时执照；

🔘 当地有权部门同意设立外来临时机构的批件。

提醒您

存款人不能在同一家银行的分支机构开立一般存款账户。不准违反规定开立和使用账户。

3.1.7 专用存款账户的开户条件

专用存款账户是单位因特定用途需要开立的账户。

下列资金，存款人可以申请开立专用存款账户：

　　◯ 基本建设资金；

　　◯ 更新改造资金；

　　◯ 特定用途、需要专户管理的资金。

存款人申请开立专用存款账户，应向开户银行出具下列证明文件之一：

　　◯ 经有权部门批准立项的文件；

　　◯ 国家有关文件的规定。

开户银行如何管理银行账户

　　开户银行负责对存款人开立、撤销的账户进行审查，正确办理开户和销户，建立、健全开销户登记制度，建立账户管理档案，定期与存款人对账。

　　银行不得对未持有开户许可证或已开立基本存款账户的存款人开立基本存款账户。

　　银行不得违反规定强拉客户在本行开立账户。

案例 1

　　某公司为逃避债务，以不同的名义在 2 家商业银行开设了 2 个基本存款账户。该公司年底为了奖励员工，从 2 个账户分别提取现金用于发放奖金。

　　请根据《违反银行结算制度处罚规定》，提出处理意见。

案例分析

　　根据《违反银行结算制度处罚规定》第五条的规定，单位违反《银行账户管理办法》开立基本存款账户的，责令其限期撤销账户，并处以 5 000 元至 10 000 元罚款。

3.2　银行结算方式

　　【主题词】　银行结算方式　管理

　　根据规定，企业发生银行存款收付业务时，可以采用如图 3-1 所示的结算方式，通过银行办理结算业务。

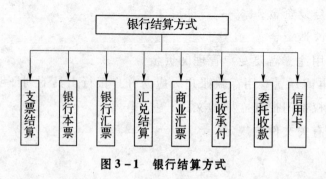

图 3-1 银行结算方式

3.2.1 支票结算方式

1. 什么是支票

支票是指单位或个人签发的，委托办理支票存款业务的银行在见票时无条件支付确定的金额给收款人或者持票人的票据。

2. 支票结算的基本规定

（1）支票结算方式是同城结算中应用比较广泛的一种结算方式。单位和个人在同一票据交换区域的各种款项结算，均可以使用支票。支票由银行统一印制。

（2）支票上印有"现金"字样的为现金支票。

（3）支票上印有"转账"字样的为转账支票，转账支票只能用于转账。

（4）未印有"现金"或"转账"字样的为普通支票，普通支票可以用于支取现金，也可以用于转账。

（5）在普通支票左上角划两条平行线的，为划线支票，划线支票只能用于转账，不得支取现金。

签发支票必须记载下列事项：

➲ 表明"支票"的字样；

➲ 无条件支付的委托；

➲ 确定的金额；

➲ 付款人名称；

➲ 出票日期；

➲ 出票人签章。

欠缺记载上列事项之一的，支票无效。

支票的付款人为支票上记载的出票人开户银行。

支票结算应注意什么问题

支票结算应注意以下问题：

（1）支票的提示付款期限为自出票日起 10 日内，中国人民银行另有规定的除外。超过提示付款期限的，持票人开户银行不予受理，付款人不予付款。

（2）用于支取现金的支票不得背书转让。

（3）转账支票可以根据需要在票据交换区域内背书转让。

3．如何填写支票（转账、现金支票）

出纳人员应当使用由银行统一印制的支票，按照规定使用碳素墨水或墨汁规范填写支票正联的各项内容：

- "出票日期"项必须使用中文大写填写。在填写月、日时，月为壹、贰、壹拾的，日为壹至玖和壹拾、贰拾、叁拾的，应在其前加"零"；日为拾壹至拾玖的，应在其前加"壹"。票据出票日期使用小写填写的，银行不予受理。大写日期未按要求规范填写的，银行可予受理，但由此造成损失的，由出票人自行承担。
- "收款人"项的填写。能够确定收款人的，应当填写收款人的全称，或由收款人填写。
- 填写确定的"金额"项。
- 出纳人员应当根据经济业务事项的实际，如实填写"用途"项。
- "出票人签章"项，应当加盖与预留银行印鉴相符的印章。
- 出纳人员应当根据经济业务事项的实际，如实填写支票存根的各项内容。

4．如何填写银行进账单

收款人对收到的转账支票，应当按照相关合同的规定进行审核。确定与所发生经济业务事项相符后，填制一式两联的银行进账单，连同转账支票一并送交本单位开户银行。银行进账单格式如表 3－1 所示。

银行进账单应当按照格式要求认真逐项填写，经开户银行审查无误后，在银行进账单的回单上加盖银行印章，退回收款人，作为收款人入账的凭据。收款人据此银行进账单回单借记"银行存款"账户，贷记对应账户。

银行进账单的另一联和支票正联由开户银行留存，作为划转款项的依据和记账凭证。

表 3－1　　　　　　　　　　×× 银行进账单

科目：　　　　　　　　　　200×年　月　日　　　　　对方科目：

收款单位	全称		款项来源											
	账号		款项种类		票据（分页填写）									
人民币（大写）					千	百	十	万	千	百	十	元	角	分

托收票据目录第 1 页共　页

付款行交换号码	付款单位账号	凭证号码	款项性质	金　额									
				千	百	十	万	千	百	十	元	角	分

（收款银行盖章）

此联由银行盖章后退回单位

5．银行转账支票如何背书

背书是指在支票背面背书栏或者粘单上记载有关事项并签章的票据行为。在中国人民银行总行批准的地区，转账支票可以背书转让。用于支取现金的支票不得背书转让。转账支票背书转让时，由背书人在票据背面签章、记载被背书人名称和背书日期。背书未记载日期的，视为在票据到期日前背书。

提醒您

检查背书转让的支票其背书是否连续，票据正面和背面有无"不准转让"字样。

6．支票退票的处理

收款人送存银行的支票，因内容记载不完整、书写不规范或者签发空头支票、签发不规范等原因，出票人开户银行不予支付，将支票退还持票人，由持票人向其前手或出票人追索的过程称为退票。

因签发空头支票或签发不规范等原因造成的退票，银行还要按照规定给予出票人处罚。

提醒您

出票人签发空头支票、签发与预留银行印鉴不符的支票、签发支付密码错误的支票的，银行应予退票，并按票面金额处以5%但不低于1 000元的罚款；持票人有权要求出票人赔偿支票金额2%的赔偿金。对屡次签发的，银行应停止其签发支票。

7. 支票挂失的处理

支票的持票人或者出票人遗失支票后，应当立即向出票人开户银行办理挂失手续。

（1）允许挂失止付的票据丧失，失票人需要挂失止付的，应填写挂失止付通知书并签章。挂失止付通知书应当记载下列事项：

🔹 票据丧失的时间、地点、原因；

🔹 票据的种类、号码、金额、出票日期、付款日期、付款人全称、收款人全称；

🔹 挂失止付人的姓名、营业场所或者住所以及联系方法。

欠缺上述记载事项之一的，银行不予受理。

（2）付款人收到挂失止付通知书后，查明挂失票据确未付款时，应立即暂停止付。付款人自收到挂失止付通知书之日起12天内没有收到人民法院的止付通知书的，自第13日起，持票人提示付款并依法向持票人付款的，不再承担责任。

（3）付款人在收到挂失止付通知书之前，已经向持票人付款的，不再承担责任。但付款人以恶意或者重大过失付款的除外。

8. 支票的领用手续及保管

存款人领购支票，必须填写"票据和结算凭证领用单"，并加盖预留银行印鉴。存款账户结清时，必须将剩余的空白支票全部交回银行注销。

3.2.2　银行本票结算方式

1.　什么是银行本票

银行本票是指银行签发的，承诺自己在见票时无条件支付确定的金额给收款人或者持票人的票据。

2.　银行本票结算的基本规定

（1）单位和个人在同一票据交换区域需要支付各种款项，均可以使用银行本票。

（2）银行本票可以用于转账，注明"现金"字样的银行本票可以用于支取现金。

（3）银行本票分为不定额本票和定额本票两种。定额银行本票面额为1 000元、5 000元、10 000元和50 000元。

（4）银行本票的出票人，为经过中国人民银行当地分支行批准办理银行本票业务的银行机构。

（5）银行本票必须记载的内容：

⮕ 表明"银行本票"的字样；

⮕ 无条件支付的承诺；

⮕ 确定的金额；

⮕ 收款人的名称；

⮕ 出票日期；

⮕ 出票人签章。

3.　银行本票结算应注意的问题

（1）申请人使用银行本票，应向银行填写银行本票申请书，填明收款人名称、申请人名称、支付金额、申请日期等事项并签章。申请人和收款人均为个人需要支取现金的，应在"支取金额"栏先填写"现金"字样，后填写支付金额。

申请人或收款人为单位的，不得申请签发现金银行本票。

提醒您

银行本票的提示付款期限自出票日起最长不得超过2个月。持票人超过付款期限提示付款的，代理付款人不予受理。

（2）出票银行受理银行本票申请书，收妥款项签发银行本票。用于转账的，在银行本票上划去"现金"字样；申请人和收款人均为个人需要支取现金的，在银行本票上划去"转账"字样。不定额银行本票用压数机压印出票金额。出票银行在银行本票上签章后交给申请人。

（3）申请人应将银行本票交付给银行本票上记明的收款人。

收款人收到银行本票时，应审查哪些事项

收款人收到银行本票时，应审查以下事项：

→ 收款人是否确为本单位或本人；

→ 银行本票是否在提示付款期限内；

→ 必须记载的事项是否齐全；

→ 出票人签章是否符合规定，不定额银行本票是否有压数机压印的出票金额，并与大写出票金额一致；

→ 出票金额、出票日期、收款人名称是否更改，更改的其他事项是否由原记载人签章证明。

3.2.3　银行汇票结算方式

1. 什么是银行汇票

银行汇票是指汇款人将款项交存当地出票银行，由出票银行签发的，由其在见票时，按照实际结算金额无条件支付给收款人或持票人的票据。

2. 银行汇票结算的基本规定

（1）银行汇票的出票银行为银行汇票的付款人。

（2）单位和个人各种款项结算，均可使用银行汇票。

（3）银行汇票可以用于转账，填明"现金"字样的银行汇票也可以用于支取现金。

（4）签发银行汇票必须记载下列事项：

→ 表明"银行汇票"的字样；

提醒您

　　银行汇票的提示付款期限自出票日起1个月。持票人超过付款期限提示付款的，代理付款人不予受理。

⟱ 无条件支付的承诺；

⟱ 出票金额；

⟱ 付款人名称；

⟱ 收款人名称；

⟱ 出票日期；

⟱ 出票人签章。

欠缺记载上列事项之一的，银行汇票无效。

银行汇票结算应注意什么问题

银行汇票结算应注意以下问题：

（1）申请人使用银行汇票，应向出票银行填写银行汇票申请书，填明收款人名称、汇票金额、申请人名称、申请日期等事项并签章，签章为其预留银行的签章。

（2）申请人和收款人均为个人，需要使用银行汇票向代理付款人支取现金的，申请人须在银行汇票申请书上填明代理付款人名称，在"汇票金额"栏先填写"现金"字样，后填写汇票金额。

申请人或者收款人为单位的，不得在银行汇票申请书上填明"现金"字样。

（3）出票银行受理银行汇票申请书，收妥款项后签发银行汇票，并用压数机压印出票金额，将银行汇票和解讫通知一并交给申请人。

➡ 签发转账银行汇票，不得填写代理付款人名称，但由人民银行代理兑付银行汇票的商业银行，向设有分支机构地区签发转账银行汇票的除外。

➡ 签发现金银行汇票，申请人和收款人必须均为个人，收妥申请人交存的现金后，在银行汇票"出票金额"栏先填写"现金"字样，后填写出票金额，并填写代理付款人名称。申请人或者收款人为单位的，银行不得为其签发现金银行汇票。

（4）申请人应将银行汇票和解讫通知一并交付给汇票上记明的收款人。

（5）收款人受理银行汇票时，应审查下列事项：

➡ 银行汇票和解讫通知是否齐全，汇票号码和记载的内容是否一致；

➡ 收款人是否确为本单位或本人；

➡ 银行汇票是否在提示付款期限内；

➡ 必须记载的事项是否齐全；

➡ 出票人签章是否符合规定，是否有压数机压印的出票金额，并与大写出票金额一致；

➡ 出票金额、出票日期、收款人名称是否更改，更改的其他记载事项是否由原记载人签章证明。

（6）收款人受理申请人交付的银行汇票时，应在出票金额以内，根据实际需要的款项办理结算，并将实际结算金额和多余金额准确、清晰地填入银行汇票和解讫通知的有关栏内。

未填明实际结算金额和多余金额或实际结算金额超过出票金额的，银行不予受理。

（7）银行汇票的实际结算金额不得更改，更改实际结算金额的银行汇票无效。

（8）收款人可以将银行汇票背书转让给被背书人。

银行汇票的背书转让以不超过出票金额的实际结算金额为准。未填写实际结算金额或实际结算金额超过出票金额的银行汇票不得背书转让。

（9）被背书人受理银行汇票时，除按照第（5）条的规定审查外，还应审查下列事项：

➡ 银行汇票是否记载实际结算金额，有无更改，其金额是否超过出票金额；

➡ 背书是否连续，背书人签章是否符合规定，背书使用粘单的是否按规定签章；

➡ 背书人个人的身份证件。

（10）持票人向银行提示付款时，必须同时提交银行汇票和解讫通知，缺少任何一联，银行不予受理。

（11）在银行开立存款账户的持票人向开户银行提示付款时，应在汇票背面"持票人向银行提示付款签章"处签章，签章须与预留银行签章相同，并将银行汇票和解讫通知、进账单送交开户银行。银行审查无误后办理转账。

（12）未在银行开立存款账户的个人持票人，可以向选择的任何一家银行机构提示付款。提示付款时，应在汇票背面"持票人向银行提示付款签章"处签章，并填明本人身份证件名称、号码及发证机关，由其本人向银行提交身份证件及其复印件。银行审核无误后，将其身份证件复印件留存备查，并以持票人的姓名开立应解汇款及临时存款账户，该账户只付不收，付完清户，不计付利息。

（13）银行汇票的实际结算金额低于出票金额的，其多余金额由出票银行退交申请人。

（14）持票人超过期限向代理付款银行提示付款不获付款的，须在票据权利时效内向出票银行作出说明，并提供本人身份证件或单位证明，持银行汇票和解讫通知向出票银行请求付款。

（15）申请人因银行汇票超过付款提示期限或其他原因要求退款时，应将银行汇票和解讫通知同时提交到出票银行。申请人为单位的，应出具该单位的证明；申请人为个人的，应出具该本人的身份证件。对于代理付款银行查询的该张银行汇票，应在汇票提示付款期满后方能办理退款。出票银行对于转账银行汇票的退款，只能转入原申请人账户；对于符合规定填明"现金"字样银行汇票的退款，才能退付现金。

申请人缺少解讫通知要求退款的，出票银行应于银行汇票提示付款期满一个月后办理。

（16）银行汇票丧失，失票人可以凭人民法院出具的其享有票据权利的证明，向出票银行请求付款或退款。

3.2.4 汇兑结算方式

1. 什么是汇兑

汇兑是汇款人委托银行将其款项支付给收款人的结算方式。单位和个人的各种款项的结算，均可使用汇兑结算方式。汇兑分为信汇、电汇两种，由汇款人选择使用。

2. 汇兑结算的基本规定

（1）签发汇兑凭证必须记载下列事项：

🔹 表明"信汇"或"电汇"的字样；

🔹 无条件支付的委托；

🔹 确定的金额；

🔹 收款人名称；

🔹 汇款人名称；

🔹 汇入地点、汇入行名称；

提醒您

汇兑凭证记载的汇款人名称、收款人名称，其在银行开立存款账户的，必须记载其账号。欠缺记载的，银行不予受理。

🔁 汇出地点、汇出行名称；

🔁 委托日期；

🔁 汇款人签章。

汇兑凭证上欠缺上列记载事项之一的，银行不予受理。

委托日期是指汇款人向汇出银行提交汇兑凭证的当日。

（2）汇兑凭证上记载的收款人为个人的，收款人需要到汇入银行领取汇款，汇款人应在汇兑凭证上注明"留行待取"字样；留行待取的汇款，需要指定单位的收款人领取汇款的，应注明收款人的单位名称；信汇凭收款人签章支取的，应在信汇凭证上预留其签章。

汇款人确定不得转汇的，应在汇兑凭证备注栏注明"不得转汇"字样。

（3）汇款人和收款人均为个人，需要在汇入银行支取现金的，应在信、电汇凭证的"汇款金额"大写栏，先填写"现金"字样，后填写汇款金额。

（4）汇出银行受理汇款人签发的汇兑凭证，经审查无误后，应及时向汇入银行办理汇款，并向汇款人签发汇款回单。

汇款回单只能作为汇出银行受理汇款的依据，不能作为该笔汇款已转入收款人账户的证明。

（5）汇入银行对开立存款账户的收款人，应将汇给其的款项直接转入收款人账户，并向其发出收账通知。

收账通知是银行将款项确已收入收款人账户的凭据。

汇兑结算应注意什么问题

汇兑结算应注意：

（1）未在银行开立存款账户的收款人，凭信、电汇的取款通知或"留行待取"的，向汇入银行支取款项，必须交验本人的身份证件，在信、电汇凭证上注明证件名称、号码及发证机关，并在"收款人签盖章"处签章；信汇凭签章支取的，收款人的签章必须与预留信汇凭证上的签章相符。银行审查无误后，以收款人的姓名开立应解汇款及临时存款账户，该账户只付不收，付完清户，不计付利息。

（2）支取现金的，信、电汇凭证上必须有按规定填明的"现金"字样，才能办理。未填明"现金"字样，需要支取现金的，由汇入银行按照国家现金管理规定审查支付。

（3）收款人需要委托他人向汇入银行支取款项的，应在取款通知上签章，注明本人身份证件名称、号码、发证机关和"代理"字样以及代理人姓名。代理人代理取款时，也应在取款通知上签章，注明其身份证件名称、号码及发证机关，并同时交验代理人和被代理人的身份证件。

（4）转账支付的，应由原收款人向银行填制支款凭证，并由本人交验其身份证件办理支付款项。该账户的款项只能转入单位或个体工商户的存款账户，严禁转入储蓄和信用卡账户。

（5）转汇的，应由原收款人向银行填制信、电汇凭证，并由本人交验其身份证件。转汇的收款人必须是原收款人。原汇入银行必须在信、电汇凭证上加盖"转汇"戳记。

（6）汇款人对汇出银行尚未汇出的款项可以申请撤销。申请撤销时，应出具正式函件或本人身份证件及原信、电汇回单。汇出银行查明确未汇出款项的，收回原信、电汇回单，方可办理撤销。

（7）汇款人对汇出银行已经汇出的款项可以申请退汇。对在汇入银行开立存款账户的收款人，由汇款人与收款人自行联系退汇；对未在汇入银行开立存款账户的收款人，汇款人应出具正式函件或本人身份证件以及原信、电汇回单，由汇出银行通知汇入银行，经汇入银行核实汇款确未支付，并将款项汇回汇出银行，方可办理退汇。

（8）转汇银行不得受理汇款人或汇出银行对汇款的撤销或退汇。

（9）汇入银行对于收款人拒绝接受的汇款，应即办理退汇。汇入银行对于向收款人发出取款通知，经过2个月无法交付的汇款，应主动办理退汇。

3.2.5　商业汇票结算方式

1．什么是商业汇票

商业汇票是指出票人签发的，委托付款人在指定日期无条件支付确定的金额给收款人或者持票人的票据。

2．商业汇票结算的基本规定

（1）商业汇票分为商业承兑汇票和银行承兑汇票。

（2）在银行开立存款账户的法人以及其他组织之间须具有真实的交易关系或债权债务关系，才能使用商业汇票。商业汇票的付款期限由交易双方商定，但最长不得超过6个月。商业汇票的提示付款期限自汇票到期日起10日内。

（3）商业承兑汇票的出票人，为在银行开立存款账户的法人以及其他组织，与付款人具有真实的委托付款关系，具有支付汇票金额的可靠资金来源。

（4）银行承兑汇票的出票人必须具备下列条件：

提醒您

商业承兑汇票由银行以外的付款人承兑。银行承兑汇票由银行承兑。商业汇票的付款人为承兑人。

◗ 在承兑银行开立存款账户的法人以及其他组织；

◗ 与承兑银行具有真实的委托付款关系；

◗ 资信状况良好，具有支付汇票金额的可靠资金来源。

（5）出票人不得签发无对价的商业汇票用以骗取银行或者其他票据当事人的资金。

（6）签发商业汇票必须记载下列事项：

◗ 表明"商业承兑汇票"或"银行承兑汇票"的字样；

◗ 无条件支付的委托；

◗ 确定的金额；

◗ 付款人名称；

◗ 收款人名称；

◗ 出票日期；

◗ 出票人签章。

欠缺记载上列事项之一的，商业汇票无效。

（7）商业承兑汇票可以由付款人签发并承兑，也可以由收款人签发交由付款人承兑。银行承兑汇票应由在承兑银行开立存款账户的存款人签发。

商业汇票结算应注意什么问题

商业汇票结算应注意：

（1）商业汇票可以在出票时向付款人提示承兑后使用，也可以在出票后先使用再向付款人提示承兑。

定日付款或者出票后定期付款的商业汇票，持票人应当在汇票到期日前向付款人提示承兑。见票后定期付款的汇票，持票人应当自出票日起1

个月内向付款人提示承兑。

汇票未按照规定期限提示承兑的，持票人丧失对其前手的追索权。

（2）商业汇票的付款人接到出票人或持票人向其提示承兑的汇票时，应当向出票人或持票人签发收到汇票的回单，记明汇票提示承兑日期并签章。付款人应当在自收到提示承兑的汇票之日起3日内承兑或者拒绝承兑。

付款人拒绝承兑的，必须出具拒绝承兑的证明。

（3）商业汇票的承兑银行，必须具备下列条件：

→ 与出票人具有真实的委托付款关系；

→ 具有支付汇票金额的可靠资金；

→ 内部管理完善，经其法人授权的银行审定。

（4）银行承兑汇票的出票人或持票人向银行提示承兑时，银行的信贷部门负责按

提醒您

在银行开立存款账户的法人以及其他组织之间须具有真实的交易关系或债权债务关系，才能使用商业汇票。

照有关规定和审批程序，对出票人的资格、资信、购销合同和汇票记载的内容进行认真审查，必要时可由出票人提供担保。符合规定和承兑条件的，与出票人签订承兑协议。

（5）付款人承兑商业汇票，应当在汇票正面记载"承兑"字样和承兑日期并签章。

（6）付款人承兑商业汇票，不得附有条件；承兑附有条件的，视为拒绝承兑。

（7）银行承兑汇票的承兑银行，应按票面金额向出票人收取万分之五的手续费。

（8）商业汇票的付款期限，最长不得超过6个月。

→ 定日付款的汇票付款期限自出票日起计算，并在汇票上记载具体的到期日。

→ 出票后定期付款的汇票付款期限自出票日起按月计算，并在汇票上记载。

→ 见票后定期付款的汇票付款期限自承兑或拒绝承兑日起按月计算，并在汇票上记载。

(9) 商业汇票的提示付款期限，自汇票到期日起 10 日。

持票人应在提示付款期限内通过开户银行委托收款或直接向付款人提示付款。对异地委托收款的，持票人可匡算邮程，提前通过开户银行委托收款。持票人超过提示付款期限提示付款的，持票人开户银行不予受理。

(10) 商业承兑汇票的付款人开户银行收到通过委托收款寄来的商业承兑汇票，将商业承兑汇票留存，并及时通知付款人。

→ 付款人收到开户银行的付款通知，应在当日通知银行付款。付款人在接到通知日的次日起 3 日内（遇法定休假日顺延，下同）未通知银行付款的，视同付款人承诺付款，银行应于付款人接到通知日的次日起第 4 日（法定休假日顺延，下同）上午开始营业时，将票款划给持票人。

→ 付款人提前收到由其承兑的商业汇票，应通知银行于汇票到期日付款。付款人在接到通知日的次日起 3 日内未通知银行付款，付款人接到通知日的次日起第 4 日在汇票到期之前的，银行应于汇票到期日将票款划给持票人。

→ 银行在办理划款时，付款人存款账户不足支付的，应填制付款人未付票款通知书，连同商业承兑汇票邮寄持票人开户银行转交持票人。

→ 付款人存在合法抗辩事由拒绝支付的，应自接到通知日的次日起 3 日内，开出拒绝付款证明送交开户银行，银行将拒绝付款证明和商业承兑汇票邮寄持票人开户银行转交持票人。

(11) 银行承兑汇票的出票人应于汇票到期前将票款足额交存其开户银行。承兑银行应在汇票到期日或到期日后的见票当日支付票款。

承兑银行存在合法抗辩事由拒绝支付的，应自接到商业汇票的次日起 3 日内，开出拒绝付款证明，连同商业银行承兑汇票邮寄持票人开户银行转交持票人。

(12) 银行承兑汇票的出票人于汇票到期日未能足额交存票款时，承兑银行除凭票向持票人无条件付款外，对出票人尚未支付的汇票金额按照每天万分之五计收利息。

(13) 商业汇票的持票人向银行办理贴现必须具备下列条件：

→ 在银行开立存款账户的企业法人以及其他组织；

→ 与出票人或者直接前手之间具有真实的商品交易关系；

→ 提供与其直接前手之间的增值税发票和商品发运单据复印件。

（14）符合条件的商业汇票的持票人可持未到期的商业汇票连同贴现凭证向银行申请贴现。贴现银行可持未到期的商业汇票向其他银行转贴现，也可向中国人民银行申请再贴现。贴现、转贴现、再贴现时，应作成转让背书，并提供贴现申请人与其直接前手之间的增值税发票和商品发运单据复印件。

（15）贴现、转贴现和再贴现的期限从其贴现之日起至汇票到期日止。实付贴现金额按票面金额扣除贴现日至汇票到期前 1 日的利息计算。

承兑人在异地的，贴现、转贴现和再贴现的期限以及贴现利息的计算应另加 3 天的划款日期。

（16）贴现、转贴现、再贴现到期，贴现、转贴现、再贴现银行应向付款人收取票款。不获付款的，贴现、转贴现、再贴现银行应向其前手追索票款。贴现、再贴现银行追索票款时可从申请人的存款账户收取票款。

（17）存款人领购商业汇票，必须填写"票据和结算凭证领用单"并签章，签章应与预留银行的签章相符。存款账户结清时，必须将全部剩余空白商业汇票交回银行注销。

3.2.6 托收承付结算方式

1．什么是托收承付

托收承付是根据购销合同由收款人发货后委托银行向异地付款人收取款项，由付款人向银行承认付款的结算方式。

2．托收承付结算的基本规定

（1）使用托收承付结算方式的收款单位和付款单位，必须是国有企业、供销合作社以及经营管理较好，并经开户银行审查同意的城乡集体所有制工业企业。

（2）办理托收承付结算的款项，必须是商品交易，以及因商品交易而产生的劳务供应的款项。代销、寄销、赊销商品的款项，不得办理托收承付结算。

（3）收付双方使用托收承付结算必须签有符合合同法规定的购销合同，并在合同上订明使用托收承付结算方式。

（4）收付双方办理托收承付结算的，收款人对同一付款人发货托收累计3次收不回货款的，收款人开户银行应暂停收款人向该付款人办理托收；付款人累计3次提出无理拒付的，付款人开户银行应暂停其向外办理托收。

（5）收款人办理托收，必须具有商品确已发运的证件（包括铁路、航运、公路等运输部门签发的运单、运单副本和邮局包裹回执）。

（6）托收承付结算每笔的金额起点为1万元。新华书店系统每笔的金额起点为1 000元。

（7）托收承付结算款项的划回方法，分邮寄和电报两种，由收款人选用。

（8）签发托收承付凭证必须记载下列事项：

提醒您

办理托收承付结算的款项，必须是商品交易，以及因商品交易而产生的劳务供应的款项。收付款双方必须签有符合合同法规定的购销合同。代销、寄销、赊销商品的款项，不得办理托收承付结算。

- 表明"托收承付"的字样；
- 确定的金额；
- 付款人名称及账号；
- 收款人名称及账号；
- 付款人开户银行名称；
- 收款人开户银行名称；
- 托收附寄单证张数或册数；
- 合同名称、号码；
- 委托日期；
- 收款人签章。

托收承付凭证上欠缺记载上列事项之一的，银行不予受理。

托收承付结算应注意什么问题

托收承付结算应注意：

（1）收款人办理托收没有发运证件，属于下列情况的，可凭其他有关证件办理托收：

→ 内贸、外贸部门系统内商品调拨，自备运输工具发送或自提的；易燃、易爆、剧毒、腐蚀性强的商品，以及电、石油、天然气等必须使用专用工具或线路、管道运输的，可凭付款人确已收到商品的证明（粮食部门凭提货单及发货明细表）。

→ 收款人承造或大修理船舶、锅炉和大型机器等，生产周期长，合同规定按工程进度分次结算的，可凭工程进度完工证明书。

→ 付款人购进的商品，在收款人所在地转厂加工、配套的，可凭付款人和承担加工、配套单位的书面证明。

→ 合同规定商品由收款人暂时代为保管的，可凭寄存证及付款人委托保管商品的证明。

→ 外贸部门进口商品，可凭国外发来的账单、进口公司开出的结算账单。

（2）收款人按照签订的购销合同发货后，委托银行办理托收。

→ 收款人应将托收凭证并附发运证件或其他符合托收承付结算的有关证明和交易单证送交银行。收款人如需取回发运证件，银行应在托收凭证上加盖"已验发运证件"戳记。

→ 收款人开户银行接到托收凭证及其附件后，应当按照托收的范围、条件和托收凭证记载的要求认真进行审查，必要时，还应查验收付款人签订的购销合同。凡不符合要求或违反购销合同发货的，不能办理。审查时间最长不得超过次日。

（3）付款人开户银行收到托收凭证及其附件后，应当及时通知付款人。通知的方法，可以根据具体情况与付款人签订协议，采取付款人来行自取、派人送达、对距离较远的付款人邮寄等。付款人应在承付期内审查核对，安排资金。

承付货款分为验单付款和验货付款两种，由收付双方商量选用，并在合同中明确规定。

→ 验单付款。验单付款的承付期为3天，从付款人开户银行发出承付通知的次日算起（承付期内遇法定休假日顺延）。

付款人在承付期内，未向银行表示拒绝付款，银行即视作承付，并在承付期满的次日（法定休假日顺延）上午银行开始营业时，将款项主动从付款人的账户内付出，按照收款人指定的划款方式，划给收款人。

→ 验货付款。验货付款的承付期为10天，从运输部门向付款人发出提货通知的次日算起。对收付双方在合同中明确规定，并在托收凭证上注明验货付款期限的，银行从其规定。付款人收到提货通知后，应即向银行交验提货通知。付款人在银行发出承付通知的次日起10天内，未收到提货通知的，应在第10天将货物尚未到达的情况通知银行。

在第 10 天付款人没有通知银行的，银行即视作已经验货，于 10 天期满的次日上午银行开始营业时，将款项划给收款人；在第 10 天付款人通知银行货物未到，而以后收到提货通知没有及时送交银行，银行仍按 10 天期满的次日作为划款日期，并按超过的天数，计扣逾期付款赔偿金。采用验货付款的，收款人必须在托收凭证上加盖明显的"验货付款"字样戳记。托收凭证未注明验货付款，经付款人提出合同证明是验货付款的，银行可按验货付款处理。

→ 不论验单付款还是验货付款，付款人都可以在承付期内提前向银行表示承付，并通知银行提前付款，银行应立即办理划款；因商品的价格、数量或金额变动，付款人应多承付款项的，须在承付期内向银行提出书面通知，银行据以随同当次托收款项划给收款人。

付款人不得在承付货款中，扣抵其他款项或以前托收的货款。

（4）付款人在承付期满日银行营业终了时，如无足够资金支付，其不足部分，即为逾期未付款项，按逾期付款处理。

提醒您

采用托收承付结算时，对付款人逾期不退回单证的，开户银行应当自发出通知的第 3 天起，按照该笔尚未付清欠款的金额，每天处以万分之五但不低于 50 元的罚款，并暂停付款人向外办理结算业务，直到退回单证时止。

（5）对下列情况，付款人在承付期内，可向银行提出全部或部分拒绝付款：

→ 没有签订购销合同或购销合同未订明托收承付结算方式的款项。

→ 未经双方事先达成协议，收款人提前交货或因逾期交货付款人不再需要该项货物的款项。

→ 未按合同规定的到货地址发货的款项。

→ 代销、寄销、赊销商品的款项。

→ 验单付款，发现所列货物的品种、规格、数量、价格与合同规定不符，或货物已到，经查验货物与合同规定或发货清单不符的款项。

→ 验货付款，经查验货物与合同规定或与发货清单不符的款项。

➡ 货款已经支付或计算有错误的款项。

不属于上述情况的，付款人不得向银行提出拒绝付款。

付款人对以上情况提出拒绝付款时，必须填写拒绝付款理由书并签章，注明拒绝付款理由：

➡ 涉及合同的应引证合同上的有关条款；

➡ 属于商品质量问题，需要提供商品检验部门的检验证明；

➡ 属于商品数量问题，需要提供数量问题的证明及其有关数量的记录；

➡ 属于外贸部门进口商品，应当提供国家商品检验或运输等部门出具的证明。

开户银行必须认真审查拒绝付款理由，查验合同。对于付款人提出拒绝付款的手续不全、依据不足、理由不符合规定和不属于本条七种拒绝付款情况的，以及超过承付期拒付和应当部分拒付而全部拒付的，银行均不得受理，应实行强制扣款。

银行同意部分或全部拒绝付款的，应在拒绝付款理由书上签注意见。部分拒绝付款，除办理部分付款外，应将拒绝付款理由书连同拒付证明和拒付商品清单邮寄收款人开户银行转交收款人。全部拒绝付款，应将拒绝付款理由书连同拒付证明和有关单证邮寄收款人开户银行转交收款人。

（6）收款人对被无理拒绝付款的托收款项，在收到退回的结算凭证及其所附单证后，需要委托银行重办托收，应当填写四联"重办托收理由书"，将其中三联连同购销合同、有关证据和退回的原托收凭证及交易单证，一并送交银行。经开户银行审查，确属无理拒绝付款，可以重办托收。

（7）收款人开户银行对逾期尚未划回，又未收到付款人开户银行寄来逾期付款通知或拒绝付款理由书的托收款项，应当及时发出查询。付款人开户银行要积极查明，及时答复。

3.2.7　委托收款结算方式

1. 什么是委托收款

委托收款是收款人委托银行向付款人收取款项的结算方式。

2．委托收款结算的基本规定

（1）单位和个人凭已承兑商业汇票、债券、存单等付款人债务证明办理款项的结算，均可以使用委托收款结算方式。

（2）委托收款在同城、异地均可以使用。委托收款结算款项的划回方式，分邮寄和电报两种，由收款人选用。

（3）签发委托收款凭证必须记载下列事项：

提醒您

采用委托收款结算时，付款人未在接到通知日的次日起 3 日内通知银行付款的，视同付款人同意付款，银行应于付款人接到通知日的次日起第 4 日上午开始营业时，将款项划给收款人。

- 表明"委托收款"的字样；
- 确定的金额；
- 付款人名称；
- 收款人名称；
- 委托收款凭据名称及附寄单证张数；
- 委托日期；
- 收款人签章。

欠缺记载上列事项之一的，银行不予受理。

委托收款结算应注意什么问题

委托收款结算应注意：

（1）收款人办理委托收款应向银行提交委托收款凭证和有关的债务证明。

（2）银行接到寄来的委托收款凭证及债务证明，审查无误办理付款。

以银行为付款人的，银行应在当日将款项主动支付给收款人。

以单位为付款人的，银行应及时通知付款人。按照有关办法规定，需要将有关债务证明交给付款人的应交给付款人，并签收。

付款人应于接到通知的当日书面通知银行付款。

银行在办理划款时，付款人存款账户不足支付的，应通过被委托银行向收款人发出未付款项通知书。按照有关办法规定，债务证明留存付款人开户银行的，应将其债务证明连同未付款项通知书邮寄被委托银行转交收款人。

（3）付款人审查有关债务证明后，对收款人委托收取的款项需要拒绝付款的，可以办理拒绝付款。

（4）在同城范围内，收款人收取公用事业费或根据国务院的规定，可以使用同城特约委托收款。

收取公用事业费，必须具有收付双方事先签订的经济合同，由付款人向开户银行授权，并经开户银行同意，报经中国人民银行当地分支行批准。

3.2.8　信用卡结算方式

1. 什么是信用卡

信用卡是指商业银行向个人和单位发行的，凭以向特约单位购物、消费和向银行存取现金，且具有消费信用的特制载体卡片。

信用卡按使用对象分为单位卡和个人卡，按信誉等级分为金卡和普通卡。

凡在中国境内金融机构开立基本存款账户的单位可申领单位卡。凡具有完全民事行为能力的公民可申领个人卡。

2. 信用卡结算的基本规定

（1）单位或个人申领信用卡，应按规定填制申请表，连同有关资料一并送交发卡银行。符合条件并按银行要求交存一定金额的备用金后，银行为申领人开立信用卡存款账户，并发给信用卡。单位卡账户的资金一律从其基本存款账户转账存入，不得交存现金，不得将销货收入的款项存入其账户。

（2）个人卡账户的资金以其持有的现金存入或以其工资性款项及属于个人的劳务报酬收入转账存入。严禁将单位的款项存入个人卡账户。

（3）信用卡仅限于合法持卡人本人使用，持卡人不得出租或转借信用卡。

（4）持卡人可持信用卡在特约单位购物、消费。单位卡不得用于 10 万元以上的商品交易、劳务供应款项的结算。

（5）持卡人凭卡购物、消费时，需将信用卡和身份证件一并交特约单位。智能卡（下称 IC 卡）、照片卡可免验身份证件。

特约单位不得拒绝受理持卡人合法持有的、签约银行发行的有效信用卡，不得因持卡人使用信用卡而向其收取附加费用。

提醒您

单位卡可申领若干张，持卡人资格由申领单位法定代表人或其委托的代理人书面指定和注销。个人卡的主卡持卡人可为其配偶及年满18周岁的亲属申领附属卡，申领的附属卡最多不得超过两张，主卡持卡人有权要求注销其附属卡。

（6）持卡人使用信用卡不得发生恶意透支。恶意透支是指持卡人超过规定限额或规定期限，并且经发卡银行催收无效的透支行为。

（7）持卡人不需要继续使用信用卡的，应持信用卡主动到发卡银行办理销户。

销户时，单位卡账户余额转入其基本存款账户，不得提取现金；个人卡账户可以转账结清，也可以提取现金。

（8）信用卡丢失，持卡人应立即持本人身份证件或其他有效证明，并按规定提供有关情况，向发卡银行或代办银行申请挂失。发卡银行或代办银行审核后办理挂失手续。

信用卡结算应注意什么问题

信用卡结算应注意的问题是：

（1）特约单位受理信用卡时，应审查下列事项：

→ 确为本单位可受理的信用卡；

→ 信用卡在有效期内，未列入"止付名单"；

→ 签名条上没有"样卡"或"专用卡"等非正常签名的字样；

→ 信用卡无打孔、剪角、毁坏或涂改的痕迹；

→ 持卡人身份证件或卡片上的照片与持卡人相符，但使用 IC 卡、照片卡或持卡人凭密码在销售点终端上消费、购物，可免验身份证件（下同）；

→ 卡片正面的拼音姓名与卡片背面的签名和身份证件上的姓名一致。

（2）特约单位不得通过压卡、签单和退货等方式支付持卡人现金。

（3）特约单位在每日营业终了，应将当日受理的信用卡签购单汇总，计算手续费和净计金额，并填写汇（总）计单和进账单，连同签购单一并送交收单银行办理进账。

收单银行接到特约单位送交的各种单据，经审查无误后，为特约单位办理进账。

（4）持卡人要求退货的，特约单位应使用退货单办理压（刷）卡，并将退货单金额从当日签购单累计金额中抵减，退货单随签购单一并送交收单银行。

（5）单位卡一律不得支取现金。

（6）个人卡持卡人在银行支取现金时，应将信用卡和身份证件一并交发卡银行或代理银行。IC卡、照片卡以及凭密码在POS上支取现金的可免验身份证件。

发卡银行或代理银行压（刷）卡后，填写取现单，经审查无误，交持卡人签名确认。超过支付限额的，代理银行应向发卡银行索权，并在取现单上填写授权号码。办理付款手续后，将现金、信用卡、身份证件和取现单回单联交给持卡人。

（7）发卡银行收到代理银行通过同城票据交换或本系统联行划转的各种单据审核无误后办理付款。

（8）信用卡透支额，金卡最高不得超过1万元，普通卡最高不得超过5 000元。信用卡透支期限最长为60天。

3.3 银行存款日记账

【主题词】 银行存款日记账 记账 结账 对账

3.3.1 银行存款日记账的记账

提醒您

　　银行存款日记账必须由出纳人员进行登记，其他会计人员不得代替出纳人员登记银行存款日记账。

各单位应当按照国家统一会计制度的规定，对银行存款收支业务进行会计核算。以实际发生的交易或事项所取得的原始凭证为依据，经过审核后及时登记银行存款日记账。

银行存款收支业务所形成的原始凭证，必须经会计主管或从事稽核的会计人员进行审核后，由出纳人员填制银行存款收、付款记账凭证，逐日逐笔顺序登记银行存款日记账。

从银行提取现金的业务，只填制银行存款付款记账凭证，不填制现金收款记账凭证；将现金送存银行的业务，只填制现金付款记账凭证，不填制银行存款收款记账凭证，因此，这种业务应当根据现金付款记账凭证登记银行存款日记账。

银行存款日记账应当根据所发生的经济业务事项详细登记。每日终了，应分别计算出当日银行存款收入、支出的合计数以及账面结余数，做到日清月结。

3.3.2　银行存款日记账的结账

结账是指在把一定时期（月份、季度、半年、年度）内所发生的经济业务事项全部登记入账的基础上，在会计期末日结算出银行存款日记账的本期借方发生额、贷方发生额和期末余额。

结账是对一定会计期间经济业务事项所做的总结，它是编制财务会计报告的必要前提条件。

- 结账前，必须将本期内所发生的各项银行存款收付业务全部登记入账。

- 结账时，结出"银行存款"账户的本月（季、年）发生额和期末余额。进行结账时，在摘要栏内注明"本月合计"、"本季合计"或"本年累计"字样，并在下面通栏划单红线。

- 年度终了，将"银行存款"账户的余额结转到下一会计年度，并在摘要栏注明"结转下年"字样；在下一会计年度新建的银行存款日记账的第一页第一行的摘要栏注明"上年结转"字样，并将结转金额直接填入余额栏。

出纳结账日期有何规定

出纳结账日期的规定为：

- 日结，以当日工作结束时作为结账时间；
- 月结，以每月最后一日终了作为结账时间；
- 季结，以每季度最后一个月的月结之后作为结账时间；
- 年结，以12月份的月结之后或在第四季度的季结之后作为结账时间。

各单位不能因为编制财务报表的需要而提前结账，更不能先编报表后结账。

3.3.3　银行存款日记账的对账

对账是指出纳人员对已登记银行存款日记账的记录所进行的核对工作。它还包括出纳人员将银行存款日记账记录与会计总账记录的核对工作、与开户银行提供的银行对账单的核对工作。在每个会计期末日结账前，出纳人员必须进行对账工作。

对账的具体内容主要有以下几方面：

1．账证核对

账证核对是指银行存款日记账的记录与全部银行存款收、付款记账凭证的核对。包括经济业务事项发生的时间、业务内容、金额、凭证编号、记账方向是否一致、相符等。

出纳人员应当逐笔核对，对已核对无误的经济业务事项，应当在银行存款日记账上和银行存款收、付款记账凭证上同时划"√"，做出标记。

2．账账核对

账账核对是指银行存款日记账记录与会计总账记录的核对。包括银行存款日记账的本期借方发生额、贷方发生额和期末余额与会计总账记录的本期借方发生额、贷方发生额和期末余额的核对相符。

3．账实核对

账实核对是指单位银行存款日记账记录与开户银行提供的银行对账单的核对，每月至少核对一次。

具体核对时，会计人员应当将银行存款日记账记录与银行对账单的记录逐笔核对，对已核对无误的银行存款收、付款事项，在银行存款日记账上和银行对账单上同时划"√"，做出标记。对没有核对上的银行存款收、付款事项，应认真查找原因，确定是否是记录错误，还是银行未达账项。

提醒您

根据内部会计控制的要求，银行存款日记账与银行对账单的核对工作应当由会计稽核人员进行。

3.3.4　银行未达账项

银行未达账项是指单位与其开户银行之间由于双方记账时间不一致而发生的一方已经入账，另一方尚未入账的款项。一般有四种情况：

- ➡ 本单位已经收款入账，开户银行尚未收款入账；
- ➡ 本单位已经付款入账，开户银行尚未付款入账；
- ➡ 开户银行已经收款入账，本单位尚未收款入账；
- ➡ 开户银行已经付款入账，本单位尚未付款入账。

3.3.5　如何编制银行余额调节表

银行余额调节表是对银行未达账项，在本单位银行存款日记账期末余额和开户银行对账单余额基础上，进行相反方向调整计算，以检查本单位银行存款日记账记录和开户银行对账单记录是否相符的表格。银行余额调节表的编制方法如表3－2所示。

表3－2　　　　　　　　　　**银行存款余额调节表**

××年××月××日

项　　目	金额	项　　目	金额
本单位银行存款日记账期末余额：		开户银行对账单余额：	
加：开户银行已经收款入账，单位尚未收款入账的款项		加：单位已经收款入账，开户银行尚未收款入账的款项	
减：开户银行已经付款入账，单位尚未付款入账的款项		减：单位已经付款入账，开户银行尚未付款入账的款项	
调节后银行存款余额：		调节后银行存款余额：	

案例 2

某公司出纳在 2 年多的时间里多次通过转账方式，将公司 800 万元资金划入到自己开立的私人公司中，用于个人消费。事后发现，该出纳在登记银行存款日记账的同时，还负责银行对账单的核对工作。他利用工作之便，私自对银行对账单上的银行未达账项进行调整，掩盖其贪污公款之行为；该公司会计主管人员未按规定指定稽核人员对银行对账单进行单独核对；在编制年度财务会计报告时，也未对银行存款进行认真清查，未发现银行未达账项中存在的问题。

请问：该公司单位负责人应承担什么责任？会计主管人员存在哪些错误？

案例分析

依照《会计法》第四条的规定，该公司单位负责人首先应承担由会计责任而引起的法律责任；其次应承担未严格实施内部会计控制制度、不相容职务未分设的领导责任；最后应承担对选拔担任出纳人员道德品质的失察责任。

该会计主管人员存在以下方面的错误：一是没有严格执行内部会计控制制度，实行钱账分管，未指定会计稽核人员对银行对账单进行核对，而是任由出纳人员自行核对；二是未按规定在编制年度财务会计报告时，组织实施全面的财产清查，未能及时发现银行未达账项中存在的问题；三是对出纳人员道德品质方面存在的问题，负有失察责任。

3.4 银行存款收付业务例题及会计分录

【主题词】 经济业务 账务处理

【例题3－1】安国公司需要购进原材料A一批，向其开户银行填送"银行汇票委托书"，汇款41万元，由业务员携带到外地进行原材料采购。开户银行受理后退回结算单据，账务处理如下：

借：其他货币资金——银行汇票 　　　　　　　　410 000

　　贷：银行存款 　　　　　　　　　　　　　　　　410 000

【例题3－2】安国公司业务员按需要从外地采购原材料A一批，价款为35万元，增值税为59 500元。业务员填制进账单409 500元送存当地银行。商品尚未收到。账务处理如下：

借：物资采购——A材料 　　　　　　　　　　　350 000

　　应交税金——应交增值税（进项税额） 　　　59 500

　　贷：其他货币资金——银行汇票 　　　　　　　　409 500

【例题3－3】安国公司收到外地银行退回采购余款500元。账务处理如下：

借：银行存款 　　　　　　　　　　　　　　　　500

　　　　贷：其他货币资金——银行汇票　　　　　　　　　　　　　　　　500

　　[**例题 3 – 4**] 安国公司向其开户银行填送"银行本票申请书"，取得定额银行本票 20 万元。账务处理如下：

　　　　借：其他货币资金——银行本票　　　　　　　　　　　200 000

　　　　　　贷：银行存款　　　　　　　　　　　　　　　　　　　200 000

　　【**例题 3 – 5**】 安国公司在本市购买机械设备一台，价款 17 万元，增值税 28 900 元。设备验收后投入使用，余款退回。账务处理如下：

　　（1）购买设备时：

　　　　借：固定资产　　　　　　　　　　　　　　　　　　170 000

　　　　　　贷：其他货币资金——银行本票　　　　　　　　　　170 000

　　（2）退回现金时：

　　　　借：银行存款　　　　　　　　　　　　　　　　　　　1 100

　　　　　　贷：其他货币资金——银行本票　　　　　　　　　　　1 100

　　【**例题 3 – 6**】 安国公司开出现金支票一张，从开户银行提取备用金 6 万元。账务处理如下：

　　　　借：现金　　　　　　　　　　　　　　　　　　　　60 000

　　　　　　贷：银行存款　　　　　　　　　　　　　　　　　　60 000

　　【**例题 3 – 7**】 安国公司开出转账支票一张，支付用于购买办公用品的金额 5 万元。账务处理如下：

　　　　借：管理费用——办公费　　　　　　　　　　　　　50 000

　　　　　　贷：银行存款　　　　　　　　　　　　　　　　　　50 000

　　【**例题 3 – 8**】 安国公司将超过库存限额的现金 2 万元送存银行。账务处理如下：

　　　　借：银行存款　　　　　　　　　　　　　　　　　　20 000

　　　　　　贷：现金　　　　　　　　　　　　　　　　　　　　20 000

　　【**例题 3 – 9**】 安国公司向外地商品批发公司购买原材料 B 一批，价款 20 万元，增值税 3.4 万元，运输费由商品批发企业承担。安国公司填写信汇凭证，将款项汇出。原材料已验收入库。账务处理如下：

　　　　借：原材料——B 材料　　　　　　　　　　　　　200 000

　　　　　　应交税金——应交增值税（进项税额）　　　　　34 000

　　　　　　贷：银行存款　　　　　　　　　　　　　　　　　234 000

　　【**例题 3 – 10**】 安国公司收到开户银行转来外地某企业的托收承付凭证，支付其购买原材料 C 的货款 30 万元，增值税 5.1 万元，运输费 2 000 元。材料已验收入库。账务处理如下：

 借：原材料——C材料   301 860

   应交税金——应交增值税（进项税额）   51 140

  贷：银行存款   353 000

 本章牢记要点

- 银行账户管理的基本原则包括：一个基本账户原则；自愿选择原则；保密原则；足额支付原则。
- 银行本票结算和支票结算，只适用于在同城范围内使用。
- 银行存款日记账的对账包括：账证核对；账账核对；账实核对。
- 银行未达账项可以归纳为两个部分：企业应收未收、应付未付；银行应收未收、应付未付。

第四章

现金管理及核算

4.1 现金管理

【主题词】 现金管理 基本要求 收支管理

4.1.1 什么是现金

现金，是流动性最强的一种货币性资产。

会计范畴的现金有狭义和广义的概念。

狭义的现金是指单位的库存现金，即由单位出纳人员保管作为零星业务开支之用的库存现款，包括人民币现金和外币现金。

广义的现金包括了库存现金、银行存款、其他货币资金和其他视同现金的有价证券、现金等价物等。

4.1.2 现金管理原则

现金管理的原则，如图4-1所示。

图4-1 现金管理的原则

1. 收付合法原则

收付合法原则，是指各单位在收付现金时必须符合国家的有关方针、政策和规章制度的规定。所谓合法，一是现金的来源和使用必须合法，二是现金收付必须在合法的范围内进行。

2. 钱账分管原则

钱账分管原则，即管钱的不管账，管账的不管钱。

　　企业应配备专职的出纳人员负责办理现金收付业务和现金保管业务，实行不相容职务分离，任何非出纳人员均不得经管现金。出纳人员也不得兼任稽核、会计档案保管和收入、支出、费用、债权债务账目的登记工作。

　　为保护现金的安全，会计工作岗位要有明确的分工，在财会部门内部建立相互制约和监督的机制，这样便于相互核对账面，防止贪污盗窃和错账差款的发生。

3．收付两清原则

　　为了避免在现金收付过程中发生差错，防止收付发生长、短款，现金收付时一定要做到复核。不论工作多忙、金额大小或对象的熟悉程度，出纳人员对收付的现金都要进行复核或由另外一名会计人员复核，切实做到现金收付不出差错。要做到收付款当面点清，对来财会部门取交现金的人员，要督促他们当面点清，如有差错当面解决，以保证收付两清。

4．日清月结原则

　　所谓日清月结，就是出纳人员办理现金出纳业务，必须做到按日清理，按月结账。日清月结是出纳人员办理现金出纳工作的基本原则和要求，也是避免长、短款的重要措施。

　　日清月结制度包括哪些内容

　　日清月结制度包括：

　　（1）检查出纳凭证。

　　出纳凭证是记录经济业务的依据，在涉及现金收支业务按日清理中，要严格凭证审核制度。首先应检查各种现金收款凭证，将其与所附各种原始凭证相核对，看是否与附件的金额、张数一致，以达到单证相符。同时，还应检查每张单证是否已加盖"收讫"、"付讫"的戳记。

　　（2）登记日记账。

　　将当日所发生的现金收、付业务根据收付款凭证登记日记账，并检查日记账的登记内容、金额与收付凭证的内容、金额是否一致，结出现金日记账当日库存现金账面余额。

　　（3）盘点库存现金。

　　出纳人员应按人民币的面额分别清点数量，加总后计算出当日现金的实存金额。将实存数额与现金账面余额核对，看两者是否相符，有无长、短款现象。如果有，应查明原因及时纠正，并做相应的账务处理。

（4）检查实际库存现金是否超过库存现金限额。

如超过限额，出纳人员应将超过部分及时送存银行，以保证现金的安全。

5. 遵守纪律原则

出纳人员应当遵守国家有关现金收支管理及保管的各项规定和要求，严格按照现金使用范围进行现金收支活动，按照会计制度规定，正确进行现金的会计核算，保证库存现金的完整和安全。

4.1.3　现金管理基本要求

1. 现金使用范围

根据国务院颁发的《现金管理暂行条例》的规定，单位可以在下列范围内使用现金：

- 职工工资、津贴；
- 个人劳务报酬；
- 根据国家规定颁发给个人的科学技术、文化艺术、体育等各种奖金；
- 各种劳保、福利费用以及国家规定的对个人的其他支出；
- 向个人收购农副产品和其他物资的价款；
- 出差人员必须随身携带的差旅费；
- 结算起点（1 000 元）以下的零星支出；
- 中国人民银行确定需要支付现金的其他支出。

提醒您

超过结算起点的各项支出，不得使用现金进行结算。

提醒您

除向个人收购农副产品和其他物资的价款、出差人员必须随身携带的差旅费外，单位支付给个人的款项，超过使用现金限额的部分，应当以支票或者银行本票支付；确需全额支付现金的，经开户银行审核后，予以支付现金。

2．现金库存限额

根据国务院颁发的《现金管理暂行条例》的规定，开户银行应当根据实际需要，核定开户单位 3~5 天的日常零星开支所需的库存现金限额。

边远和交通不便地区的开户单位的库存现金限额，可以多于 5 天，但不得超过 15 天的日常零星开支。

（1）开户单位与开户银行协商核定库存现金限额。公式为：

$$库存现金限额 = 每日零星支出额 \times 核定天数$$
$$每日零星支出额 = 月（季）平均现金支出总额 \div 月（季）平均天数$$

（2）由开户单位填写"现金库存限额核定表"，将核定表报送开户银行审查批准，开户单位凭开户银行批准的限额数作为库存现金限额。现金库存限额核定表的格式如表 4-1 所示。

表 4-1　　　　　　　　　　　现金库存限额核定表

单位名称：　　　　　　　　　　　　　　　　　　　　员工人数：

开户银行：　　　　　　　　账号：　　　　　　　　　单位：元

金额 ＼ 项目	库存限额		找零备用金金额		简要说明
	申请数	核定数	申请数	核定数	
财务本部门					财务出纳部门每天平均零星开支的现金数额____元。
下属单位					
核准单位盖章	开户行意见		申请单位盖章		
年　月　日	年　月　日		年　月　日		

（3）各单位应实行收支两条线，不准"坐支"现金。

（4）单位应当按照现金使用范围的规定支付现金。当库存现金不足时，如实填写用途，从开户银行基本存款账户提取现金；当收入的现金超过库存限额时，应将超过库存限额的现金送存开户银行，现金送款簿上必须注明送存现金的来源。

3. 现金管理纪律

按照《现金管理暂行条例》及其实施细则规定，各单位的现金管理应遵循以下管理纪律：

⟳ 不准超限额存放现金，超过限额的现金收入应于当日送存开户银行。

⟳ 不准从本单位现金收入中直接支付现金支出（即"坐支"）。

小知识

"坐支"现金，是指出纳将本单位的现金收入直接用于现金支出的行为。

⟳ 不准用不符合制度规定的票据凭证顶替库存现金（即不得以白条顶库）。

⟳ 不准谎报用途套取现金。

⟳ 不准利用银行账户代其他单位或个人存入或支取现金。

⟳ 不准将单位收入的现金以个人名义存入储蓄。

⟳ 不准保留账外公款。

⟳ 不准以任何票证代替人民币。

⟳ 不准挪用现金。

⟳ 不准私人借用公款。

案例 1

在会计信息质量检查中发现，某公司现金管理上存在以下问题：一是使用现金5万元购买库存商品；二是库存现金长期超限额，累计金额20万元；三是有多张白条抵顶库存现金，合计金额3万元。

请问：依照《现金管理暂行条例》和《现金管理暂行条例实施细则》的规定，开户银行应如何对其进行处罚？出纳人员是否也应承担相应责任？

案例分析

《现金管理暂行条例实施细则》第二十条规定：开户单位如违反《现金管理暂行条例》，开户银行有权责令其停止违法活动，并根据情节轻重给予警告或罚款。

（1）超出规定范围和限额使用现金的，按超过额的10%～30%处罚。

（2）超出核定的库存现金限额留存现金的，按超出额的10%～30%处罚。

（3）用不符合财务制度规定的凭证顶替库存现金的，按凭证额的10%～30%处罚。

由于单位在现金使用中违反了《现金管理暂行条例》的有关规定，出纳人员也应承担相应的违纪责任。

4.1.4 现金收入的管理

1. 业务收入和其他收入现金的管理

- 首先，要审核经济业务事项的真实性和合法性；
- 其次，对取得的原始凭证的真实性和规范性进行审核；
- 再次，审核业务收入和其他收入现金取得过程的规范性；
- 最后，审核业务收入和其他收入现金会计核算的规范性。

2. 如何填写现金收款票据

出纳人员收到业务收入和其他收入现金时，应当依据经济业务事项的内容开具现金收款票据（业务收入有专职收款人员的除外）。现金收款票据包括发票和收据两种。

开具现金收款票据时，要使用复写纸如实填写收款日期，付款单位全称或付款人姓名，经济业务事项内容、数量、单位，收款小写和大写金额，开票人、经办人姓名，加盖收款单位印章。填写完毕，将第二联交给付款单位或付款人；将第三联作为登记现金日记账的原始凭证。

3. 从银行提取现金的管理

各单位需要用现金发放工资，或者其库存现金小于库存现金定额而需要用现金补足时，除了按规定可以用非业务性现金收入补充以及国家规定可以坐支的以外，均应按规定从银行提取现金。

各单位从银行提取现金应包括以下程序:

（1）按现金的开支范围签发现金支票

现金支票是由存款人签发，委托开户银行向收款人支付一定数额现金的票据。

开户单位应按现金的开支范围签发现金支票，现金支票的金额起点为100元，其付款方式是见票即付。

（2）认真填写支票

签发现金支票时，应认真填写支票的有关内容，如签发日期、收款人全称（单位签发现金支票支取现金，是以自己为收款人）、取款金额（大写和小写金额）、款项用途，并加盖财务章和名章等。

一般来说，取款人收到银行出纳人员付给的现金时，应当面清点现金数量，清点无误后才能离开柜台。

取款人在清点现金时，要注意什么问题

取款人在清点现金时，要注意：

→ 清点现金，最好是由两人以上同时进行，1人清点，1人复核。

→ 清点现金应逐捆、逐把、逐张进行。

→ 在清点时发现有残缺、损坏的票币以及假钞时，应向银行要求调换。

→ 所有现金应清点无误后才能发放使用。切忌一边清点一边发放，否则一旦发生差错将无法查清。

4. 提取现金如何记账

各单位用现金支票提取现金，应根据现金支票存根编制银行存款付款凭证。取款当日，出纳人员根据付款凭证的记录，同时登记银行存款日记账的减少，登记现金日记账的增加。

4.1.5 现金支出的管理

各单位必须按开户银行核定的库存限额保管、使用现金，收取的现金和超出库存限额的现金，应及时送存银行。

1．现金送存的一般程序

各单位对当天收入的现金或超过库存限额的现金，应及时送存开户银行。

（1）整理清点票币。送款前应将送存款进行清点整理，按币别、币种分开。纸币按不同面值，以每100张为一把，用纸条在腰中捆扎好；不足100张的零币，捆扎好后将金额写在纸条上。硬币也按不同面值，每100枚为一卷，十卷为一捆，不足一卷为零头；最后合计出需要存款的金额。

提醒您

各单位收入的现金超过库存限额时，应将超过库存限额的现金及时送存开户银行。不得超限额存放现金。

（2）填写现金送款簿（缴款单）。根据整理清点好的存款金额填写现金送款簿，各种币别的金额合计数应与存款金额一致。

（3）向银行提交现金送款簿和整理清点好的票币。票币要一次性交清，当面清点，如有差异，应当面复核。

（4）开户银行受理后，在现金送款簿上加盖"现金收讫"的银行印鉴，返回交款人一联，表示款项已收妥。

（5）根据银行退回盖有"现金收讫"印鉴的现金送款簿，编制现金付款凭证。

（6）根据现金付款凭证登记现金日记账。

现金送款簿格式如表4-2所示。

表4-2　　　　　　　　　××银行现金送款簿

对方科目：　　　　　　　　　　　　　　　　交款日期　年　月　日

注：每百张（枚）为一把（卷）	收款单位名称							开户银行科目账号						第一联：回单
	款项来源								金　额					
	人民币（大写）							百 十 万 千 百 十 元 角 分						
	券别\数额	100元 50元 20元 10元 5元 2元 1元 5角 2角 1角 5分 2分 1分						合计金额	收款银行盖章					
	整把券													
	零张券													

收款复核：　　　　　　　　　　　　　　收款员：

填写现金送款簿要注意什么

出纳人员在填写现金送款簿时，必须注意以下几点：

→ 要用双面复写纸复写。

→ 交款日期必须填写交款的当日。

→ 收款人名称应填写全称。

→ 款项来源要如实填写。

→ 大小写金额的书写要标准。

→ 券别和数额栏按实际送款时各种券面的张数或券别填写。

送存现金时要注意什么

出纳人员在送存现金时，应注意以下事项：

→ 交款人最好是现金整理人，这样可以避免发生差错时难以明确责任。

→ 凡经整理好准备送存银行的现金，在填好"现金送款簿"后，一般不宜再调换票面，如确需调换的，应重新复点，同时重新填写"现金送款簿"。

→ 当送存金额较大时，最好用专车，并派人护送。

→ 临柜交款时，交款人必须与银行柜台收款员当面交接清点，做到一次交清，不得边清点边交款。

→ 交款人交款时，如遇到柜台较为拥挤，应按次序等候。等候过程中，应做到钞票不离手，不能将其置于柜台之上，以防发生意外。

2. 现金支出的管理

（1）出纳与会计岗位必须分设，实行相互制约。

（2）出纳办理现金支出业务，必须取得或填制合法的原始凭证；原始凭证经单位法人或有授权权限的人员签字批准，由领款人或经手人签名。

（3）支付现金的原始凭证，必须由稽核人员或会计主管人员进行复核后方可支付现金。

（4）出纳清点付出的现金，必须由其他会计人员进行复点后当面交给领款人；在付款后，出纳应在付款的原始凭证上加盖"现金付讫"戳记。

（5）支付现金后，出纳应当依据原始凭证所涉及的经济业务事项的内容，及时填制付款凭证，并登记现金日记账。现金日记账每日都应当进行结账。

（6）严格执行现金清查盘点制度，保证现金安全、完整。出纳人员每天盘点现金实有数，与现金日记账的账面余额核对，保证账实相符。单位会计主管人员必须定期或不定期地安排对现金进行清查盘点，及时发现或防止差错以及挪用、贪污、盗窃等不法行为的发生。如果出现长、短款，必须及时查找原因。

3．现金支出的内容

（1）　工资

按照国家有关规定，工资总额应包括计时或计件工资、奖金、津贴、补贴、加班加点工资。

（2）　差旅费的报销

单位工作人员因公出差需借支差旅费，应先到财务部门领取并填写借款单，按照借款单所列内容填写完整，然后送所在部门领导和有关部门人员审查签字。出纳人员根据自己的职权范围，审核无误后给予现金支付。出差人员回来后，持各种原始凭证至出纳人员处依照规定进行报销。

提醒您

　　职工公出借款凭据，必须附在记账凭证之后。收回借款时，应当另开收据或者退还借据副本，不得退还原借款收据。

（3）　零星采购费用

单位内部有关人员根据生产经营需要进行零星物品采购的费用，可持原始凭证到出纳处，出纳人员认真审核这些开支是否符合有关规定，是否有有关人员或部门批准后予以报销。

（4）　备用金的支出

　🔹 单位内部人员或部门需要领用备用金时，一般由经办人填写借款单据。

　🔹 借款单据由有关领导和人员签字后，出纳作为付款凭证，并登记现金日记账。

🌀 对于定额备用金，持有人报销时，出纳应根据审核无误的原始凭证的金额支付现金；对于一次性备用金，持有人报销时，出纳应根据审核无误的原始凭证的金额，计算其与所借备用金的差额，如果报销原始凭证的金额大于所借备用金，出纳应将差额用现金补付报销人；如果报销原始凭证的金额小于所借备用金，出纳应另开收据，将其差额收回。

（5）其他支出

其他支出一般包括以下内容：

🌀 根据国务院发布的有关规定颁布的创造发明奖、支付的合理化建议和技术进步奖金。

🌀 有关劳动保险和职工福利费用，离、退休人员待遇，劳动保护各项支出。

🌀 稿费、讲课费及其他专门工作报酬。

🌀 出差伙食补助费，误餐补助，调动工作的差旅费和安家费。

🌀 对购买本企业股票和债券的职工所支付的股息。

🌀 劳动合同制职工解除劳动合同时由企业支付的医疗补助费、生活补助费。

🌀 支付计划生育独生子女补贴。

 案例 2

在会计信息质量检查中发现，某公司现金管理上存在以下问题：一是未经开户银行同意，自行坐支现金 200 万元；二是单位负责人同意借给外单位现金 50 万元，外单位已将借款用银行转账方式归还。

请问：依照《现金管理暂行条例》和《现金管理暂行条例实施细则》的规定，开户银行应如何对其进行处罚？出纳人员是否也应承担相应责任？

案例分析

《现金管理暂行条例实施细则》第二十条规定：开户单位如违反《现金管理暂行条例》，开户银行有权责令其停止违法活动，并根据情节轻重给予警告或罚款。

未经批准坐支或者未按开户银行核定坐支额度和使用范围坐支现金的，

按坐支金额的 10% ~30% 处罚。

单位之间互相借用现金的，按借用金额的 10% ~30% 处罚。

由于该单位在现金使用中违反了《现金管理暂行条例》的有关规定，出纳人员也应承担相应的违纪责任。

4.2 现金管理制度

【主题词】 现金管理 内部控制 保管要求 备用金

4.2.1 现金管理制度

从宏观上讲，现金管理是指国家银行按照国家方针、政策及有关规章制度对在银行和其他金融机构开立账户的机关、团体、部队、企业、事业单位现金使用的范围和数量的控制。从微观上讲，现金管理是指各单位对自身的现金收、付、存的管理。其具体内容主要包括：

- 现金收入管理制度；
- 现金支出管理制度；
- 现金保管制度；
- 现金清查制度；
- 现金档案管理制度。

4.2.2 现金管理的内部控制制度

单位现金内部管理的重点在于保证单位现金的安全完整，不被不法分子贪污、挪用、偷盗。建立健全一套完善的现金内部控制制度，应当包括的内容如图 4 - 2 所示。

图 4 - 2 现金内部控制制度

小知识

内部控制制度是一个单位为了保护其资产的安全完整，保证其经营活动符合国家法律法规和内部规章的要求，达到提高经营管理效率、防止舞弊、控制风险等目的，而在单位内部采取的一系列相互联系、相互制约的制度和方法。

1. 授权审批制度

单位必须依照国家的有关方针、政策和规章制度，加强对现金开支审批的管理。一般包括以下内容：

（1）明确现金开支界限

单位明确现金开支界限，包括以下两个方面的内容：

- 应当在现金管理规定的范围内支付现金，办理现金结算。
- 应当保证现金支出的安全性，如职工个人借款的金额不得超过其应付工资的金额，个人医药费用的报销不得超过规定的标准，个人差旅期间的出差补助不得超过规定的标准等。

（2）明确现金报销手续

单位应当按其经济业务的内容和管理要求设计各种报销凭证，如工资表、差旅费报销单、购料凭证、借款单等，并应告知有关人员相应的填制方法，避免出现误填误报。

同时，单位还应规定各种报销的程序和传递手续，确定各种现金支出业务的报销要求，超出现金开支界限或未按规定填制单据的各种支出不予报销。

（3）明确现金支出的审批权限

单位应根据其经营规模和内部职责分工情况，确定不同额度和不同的现金支出审批权限。如现金开支在多少元以下的行政费用支出，由会计主管人员审查批准；凡现金开支在多少元以上的行政费用开支，由总会计师或财务主管领导审查批准；凡金额在多少元以上的支出，必须由单位负责人审查批准。对于没有经过审核批准或有关人员超越规定审批权限的，出纳人员不予受理。

2．职务分离制度

单位应对现金内部控制系统中不相容的职务实行分工负责，主要是建立钱账分管制度，具体包括以下内容：

- 单位应配备专职的出纳人员办理现金收付和保管工作，非出纳人员不得经管。
- 现金收支的授权审批和执行现金收支的职务应当分离。
- 执行现金业务和记录现金业务的职务要分开。
- 现金保管与稽核职务要分开。
- 登记现金日记账和登记现金总账的职务要分开。
- 出纳人员不得兼管收入、费用、债权、债务等账目的登记工作。
- 出纳人员不得兼管会计档案的保管工作。

3．文件记录控制

财务文件记录是记录经济业务内容、明确有关人员责任的书面证明。完备而有效的文件记录可以真实全面地反映单位的经济活动情况。为了保证文件记录的完整和真实性，加强对现金管理的监督，必须加强文件记录控制。

- 出纳人员办理现金收付的原始单据必须真实、完整、合法，并经过审核。
- 出纳人员登记现金日记账的记账凭证必须审核无误。
- 文件记录的保管应当有专人负责。
- 任何人不得擅自更改、涂抹、销毁有效的文件记录。

4．内部审计制度

单位内部审计的主要目的是确保业务记录能够真实、准确，加强对岗位责任的监督管理，防范内部不利因素的影响。内部审计具体包括以下内容：

- 出纳人员办理现金出纳业务时，必须做到日清月结，保证账实相符。
- 会计人员应当定期进行账证、账账核对，保证现金总账与现金日记账一致。
- 稽核人员应当定期或不定期地进行现金清查，及时发现可能发生的现金差错或丢失情况，防止贪污、盗窃、挪用等不法行为的发生，确保现金安全完整。

单位货币资金内部会计控制目标及关键控制点如表4-3所示。

表4-3 货币资金内部会计控制目标及关键控制点

序号	目标认定	内部会计控制目标	关键控制点
1	总体合理性	货币资金业务合法、合规；货币资金安全完整	①货币资金收付的审批②货币资金保管与记录的职务分离③定期盘点④现金、银行存款日记账的登记⑤现金、银行存款日记账与总账的核对
2	真实性	资产负债表日已记录的全部货币资金确实存在	
3	完整性	现金、银行存款和其他货币资金均计入货币资金中	
4	所有权	在资产负债表日，各项货币资金均属本单位拥有	
5	披露	在资产负债表中，现金、银行存款、其他货币资金年末余额正确并已恰当披露	

4.2.3 现金的保管

现金的保管，主要是指对每日收取的现金和库存现金的保管。一般情况下，现金的保管工作应当授权财会部门的出纳人员负责。

应选聘诚实可靠、工作责任心强、业务熟练的人员担任出纳。应当保持出纳人员相对稳定，以提高他们的业务熟练程度。

加强现金保管主要应采取什么措施

加强现金保管主要应采取如下措施：

→ 出纳应控制现金的收付和库存现金，出纳办公室应该选择坚固实用的房间，能防潮、防盗、通风，窗户要有铁栏杆和护窗金属板。房间内应安装自动防火警报装置，并配备必要的消防灭火器材。房间内应安装自动防盗警报装置，自动防盗警报装置应与单位总值班室或警卫部门相连接。

→ 限额内的库存现金当日核对清楚后，一律存放在保险柜内；超过库存限额的现金应在下班前送存银行。

→ 为保证现金的安全，除工作时需要的少量备用金可放在出纳的抽屉内，其余则应放入出纳专用的保险柜内。

→ 单位的库存现金不准以个人名义存入银行，以防止有关人员利用公款私存取得利息收入，也防止单位利用公款私存形成账外小金库。

→ 对库存现金中的纸币和铸币，应实行分类保管。

→ 单位应配备专用保险柜，专门用于库存现金、有价证券和票据的保管。

→ 保险柜密码和钥匙应由出纳人员掌握，开启保险柜时，应做好开启记录。

→ 出纳人员工作变动时，应及时更换密码；保险柜的钥匙或密码丢失或发生故障时，要立即报请单位领导进行处理。

4.2.4 有价证券管理

1. 什么是有价证券

证券是以证明或设定权利为目的所作的凭证。有价证券，是指具有一定票面价格，能够给它的持有人定期带来收入的所有权或债权凭证，包括股票、债券等。

🔹 股票是单位或个人向股份公司投资入股的凭证，股东按其所持股份享有权利和承担义务，可凭股票分取利润或红利。

🔹 债券主要包括政府债券、公司债券和金融债券。

🔹 其他有价证券包括邮票、提货单、各种收付款票据等。严格来说，其中提货单、各种收付款票据不是有价证券，但在实际工作中应该视同有价证券进行管理。

小知识

政府债券，是国家筹集财政资金、平衡财政收支的重要手段。

公司债券，是指公司依照法定程序发行的，约定在一定期限还本付息的有价证券。

2．有价证券的收付

有价证券的收付要根据审核无误的原始凭证填制记账凭证，再据以登记账簿。

在发出和兑付有价证券的过程中，出纳人员需要注意什么

在发出和兑付有价证券的过程中，出纳人员需要注意：

（1）根据合法的记账凭证进行收付。出纳人员对各项有价证券，应根据合法的记账凭证进行收付。依记账凭证执行收付后，收付有价证券人员及出纳人员应在记账凭证上签章，以示收讫或付讫。

（2）通知会计部门。出纳人员收到各项有价证券时，应通知会计部门核验，并存入保险柜。

（3）注意到期日期。出纳人员应随时注意各项有价证券的到期日期，按期兑取本息后编制记账凭证。兑付有价证券时，出纳人员应严格按照出纳制度的规定，凭会计记账的有价证券兑付凭证办理。

（4）核对有价证券。每日终了，应在清查库存现金时，对有价证券按种类、张数、本息总数与有关科目进行核对。

3．有价证券的保管

有价证券是单位资产的一部分，具有与现金相同的性质和价值。

有价证券是价值较大的资产，容易成为被偷盗、套取和挪用的对象。有价证券的保管同现金的保管基本一样，同时还要对有价证券的票面额和号码进行登记，建立"有价证券保管登记簿"。

4.2.5　备用金管理

备用金是指单位财会部门按照内部规定，拨付给其所属单位、部门或个人周转使用的现金。按照有关会计制度的规定，备用金应当通过"其他应收款"科目进行核算。从有利于生产经营和监督管理的需要出发，备用金可以实行定额管理和非定额管理两种方式。

1．定额备用金

定额备用金是指单位经常使用备用金的内部各部门或工作人员用作零星开支、零星采购、售货找零或差旅费等的现金。建立定额备用金需要核定一个现金数额，并保证其经常保持核定的数额。

2．非定额备用金

非定额备用金是指单位对非经常使用现金的内部各部门或工作人员，根据每次业务所需现金的数额填制借款凭证，向出纳人员预借的现金。非定额备用金使用后，凭发票等原始凭证一次性到财务部门报销，多退少补，一次结清，下次再用时，重新办理借款手续。

3．定额备用金的管理

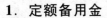 单位内部各部门或工作人员因工作需要建立定额备用金时，应填制"备用金借款单"，依照授权范围报有关领导批准，定额备用金保管人员签字交给出纳人员，经会计或稽核人员审核后由出纳人员支付现金。

定额备用金的使用范围，应当符合国家关于现金支出的有关规定。

定额备用金使用后，保管人员应及时或定期持取得的发票，到财务部门进行报销，以补足定额备用金。

定额备用金应在银行建立个人储蓄账户，或存放在保险柜中。

定额备用金应做到按月清查。

 案例 3

在会计信息质量检查中发现，某公司在产品销售中未将价外收取的现金确认为主营业务收入，单位总会计师和会计机构负责人积极参与了价外费收取政策的制定和会计确认工作；为使用方便，该公司以相关人员的名义在银行开立了若干储蓄账户，累计私存公款 3 000 万元。

请问：依照会计法的规定，如何对单位和有关责任人进行处罚？依照《现金管理暂行条例》、《现金管理暂行条例实施细则》的规定，开户银行应如何对其进行处罚？出纳人员是否也应承担相应责任？

案例分析

《会计法》第四十三条规定：伪造、变造会计凭证、会计账簿，编制虚假财务会计报告，构成犯罪的，依法追究刑事责任；尚不构成犯罪的，由县级以上人民政府财政部门纠正并予以通报，可以对单位并处 5 000 元以上 10 万元以下的罚款；对其单位负责人、总会计师和会计主管人员可以处 3 000 元以上 5 万元以下的罚款；对总会计师和会计主管人员由县级以上人民政府财政部门吊销会计从业资格证书。

《现金管理暂行条例实施细则》第二十条规定：开户单位如违反《现金管理暂行条例》，开户银行有权责令其停止违法活动，并根据情节轻重给予警告或罚款。如罚款，按保留账外公款金额的 10% ~ 30% 处罚。

由于账外现金不入账的决策是单位负责人、总会计师和会计主管人员作出的，出纳人员是被动地参与，因此出纳人员不应承担相应责任。

4.3 现金日记账

【主题词】 现金日记账 登记要求 支票管理

现金日记账，是出纳用以记录和反映现金增减变动和结存情况的账簿。它是出纳以现金收款凭证和付款凭证为根据，全面、系统、连续地记录和反映本单位现金收付业务及其结存情况的一种工具，是各单位会计账簿的重要组成部分，在现金管理中具有十分重要的作用。

4.3.1 现金日记账的记账

现金日记账应当按照现金收、付业务发生或完成时间的先后，逐笔顺序登记，准确反映现金的增减变动与结存情况。

1. 现金日记账的登记方法

现金日记账通常由出纳人员根据审核后的现金收、付款凭证，逐日逐笔顺序登记。同时，由其他会计人员根据收、付款凭证，汇总登记现金总分类账。

对于将现金送存银行的业务，只填制现金付款记账凭证，不填制银行存款收款记账凭证；对于从银行提取现金的业务，由于只填制银行存款付款凭证，不填制现金收款凭证，因而现金的收入数，应根据银行存款付款凭证登记。

　　每日收付款项逐笔登记完毕后，应分别计算现金收入和支出的合计数及账面的结余数额。将现金日记账的账面余额与库存现金实存数相核对，借以检查现金的每日收支和结存情况。

2．现金日记账的设置

　　采用手工记账的单位，现金日记账必须采用订本式账簿。一般情况下，应采用"三栏式"的账页。

　　采用计算机记账的单位，应定期打印现金日记账；年度结束后，按照规定顺序进行装订，不得缺页。

提醒您

　　订本式的现金日记账，应当采用"收入、支出、结余"的"三栏式"格式。

3．现金日记账的启用

　　单位在启用现金日记账时，首先要按规定内容逐项填写账簿启用表。在账簿启用表中，应写明单位名称、账簿名称、账簿编号、启用和截止日期、出纳登记人员姓名、接管或移交日期，在"公章"处加盖单位公章。按照规定将购买的印花税票粘贴在显著或规定位置上，并按要求划线注销。

4．登记现金日记账的要求

　　登记现金日记账总的要求是：分工明确，专人负责，凭证齐全，内容完整，登记及时，账款相符，数字真实、准确，书写工整，摘要清楚，便于查阅，不重记，不漏记，不错记，按期结账，不拖延积压，按规定方法更正错账等。

登记现金日记账的具体要求是什么

登记现金日记账的具体要求是：

→ 根据复核无误的收、付款记账凭证逐笔、顺序登记现金日记账。

→ 现金日记账的账页第一行摘要栏应填写"承前页"字样，最后一行可根据情况确定是否做"过次页"。

→ 订本式账簿现金日记账的账页必须保持完整，不得以任何理由撕去，作废的账页也应留在账簿中。在一个会计年度内，账簿尚未用完时，不得以任何借口更换账簿或重抄账页。

→ 现金日记账必须按页次、行次顺序登记，不得跳行或隔页登记，如不慎发生跳行、隔页时，应在空页或空行的金额栏内划线注销，并在摘要栏内注明"此行空白"、"此页空白"字样，并由记账的出纳人员盖章。

→ 现金日记账中书写的文字和数字上面要留有适当空格，不要写满格，一般应占格距的1/2。登记日记账要用蓝黑墨水或碳素墨水书写，不得使用圆珠笔、铅笔书写。红色墨水只能在结账划线、划线更正错误和红字冲账时使用。

→ 现金日记账登记时，应先登记收入金额，后登记支出金额。逐日结出的现金日记账余额不得出现贷方余额（或红字余额）。

4.3.2 现金日记账的结账

结账前，必须将本期内所发生的各项现金收付业务全部登记入账。

结账时，结出"现金"账户的本日或本期（月、季、年）借方、贷方发生额和期末余额。在摘要栏内注明"本日合计"、"本月合计"、"本月累计"，并在下面通栏划单红线。年度终了结账时，在摘要栏内注明"本年累计"字样，并在下面通栏划双红线。

年终结账后，将"现金"账户的余额结转到下一会计年度，并在摘要栏注明"结转下年"字样；在下一会计年度新建的"现金"日记账的第一页第一行的摘要栏注明"上年结转"字样，并将结转的金额直接填入余额栏。

现金日记账结账日期有何规定

现金日记账结账日期规定为：

日结，以当日工作结束时作为结账时间；

月结，以每月最后一日终了作为结账时间；

季结，以每季度最后一个月的月结之后作为结账时间；

年结，以每年12月31日作为结账时间。

各单位不能因为编制财务报表的需要而提前结账，更不能先编报表后结账。

4.3.3 现金日记账的对账

为保证现金日记账的账簿记录与现金收付款凭证一致，在每次结账前都应当进行对账。具体要求是：将现金日记账的记录与所对应的现金收付款凭证逐笔核对，核对无误的，在记账凭证上的"√"栏内划"√"，在现金日记账的记录金额后的"√"栏内划"√"。

4.3.4 如何管理支票

1.空白支票由专人管理

各单位为了进行结算，一般都从银行领购并保留一定数量的空白支票以备使用。存有空白支票的单位，对空白支票必须严格管理，明确指定专人负责保管，要贯彻票、印分管的原则，空白支票和印章不得由一人负责保管。这样可以明确责任，形成制约机制，防止舞弊行为。

2.严格控制携带空白支票外出采购

对事先不能确定采购物资的单价、金额的，经单位领导批准，可将填明收款人名称和签发日期的支票交采购人员，明确用途和款项限额，使用支票人员回单位后必须及时向财务部门结算。

3.设置"空白支票签发登记簿"，实行空白支票领用销号制度

经单位领导批准，出纳人员签发空白支票后，应在"空白支票签发登记簿"上加以登记。"空白支票签发登记簿"的格式如表4-4所示。

表4-4　　　　　　　　　　空白支票签发登记簿

领用日期		支票号码	领用人	用途	收款单位	限额	批准人	销号日期	
月	日							月	日

4. 支票应由财会人员签发

一般来说，支票应由财会人员签发，有时候也可以由使用人员签发，不得将支票交给收款人代为签发。支票存根要同其他会计凭证一样妥善保管。

5. 支票挂失的办法

已签发的现金支票遗失，可以向银行申请挂失。挂失前已经支付的，银行不予受理。已签发的转账支票遗失，银行不受理挂失，可请求收款人协助防范。

6. 委托收款背书

委托收款背书的方法是，未经背书转让的持票人（即支票上载明的收款人）向开户银行办理委托收款时，应在转账支票背面左起第一个"背书人签章"栏内填写"委托收款"字样和日期（可用阿拉伯数字）并签章；同时，在该背书栏上面的"被背书人"栏填明开户银行。如是经背书转让的支票，应在支票背面或粘单上的最后，背书人右侧的"背书人签章"栏内，比照前次模式做成委托收款背书。

4.4 现金收付主要业务例题及会计分录

【主题词】 现金 账务处理

【例题 4－1】安国公司从开户银行提取现金 36 000 元以备发放工资。账务处理如下：

借：现金   36 000

    贷：银行存款   36 000

【例题 4－2】安国公司出租固定资产，取得租金收入现金 1 800 元。账务处理如下：

借：现金   1 800

    贷：其他业务收入   1 800

【例题 4－3】安国公司销售商品货款 1 200 元，增值税 204 元，共计收入现金 1 404 元。账务处理如下：

借：现金   1 404

    贷：主营业务收入   1 200

应交税金——应交增值税（销项税额）   204

【例题4-4】安国公司办公室王某出差时预借差旅费5 000元，回来后报销差旅费5 200元，以现金补足差额。账务处理如下：

预借时：

借：其他应收款——王某   5 000

    贷：现金   5 000

报销时：

借：管理费用——差旅费   5 200

    贷：其他应收款——王某   5 000

        现金   200

【例题4-5】安国公司以现金支付职工工资36 000元。账务处理如下：

借：应付工资   36 000

    贷：现金   36 000

【例题4-6】安国公司技术人员7月初因公借款7 000元。账务处理如下：

借：其他应收款——技术人员   7 000

    贷：现金   7 000

【例题4-7】安国公司月末技术人员报销差旅费6 500元，交回现金500元。账务处理如下：

借：管理费用——差旅费   6 500

    现金   500

    贷：其他应收款——技术人员   7 000

【例题4-8】安国公司7月10日，以现金1 000元支付业务招待费。账务处理如下：

借：管理费用——业务招待费   1 000

    贷：现金   1 000

【例题4-9】安国公司业务员李伟出差回来报销差旅费750元，借款按定额备用金核算。账务处理如下：

借：管理费用——差旅费   750

    贷：现金   750

【例题4-10】安国公司以现金50元购买办公用品。账务处理如下：

借：管理费用——办公费   50

    贷：现金   50

本章牢记要点

- 现金管理的原则包括：收付合法、钱账分管、收付两清、日清月结、遵守纪律。
- 掌握《现金管理暂行条例》规定的现金使用范围的八个方面。
- 注意库存现金超过限额时，应及时送存银行；出纳不得用"白条"抵顶库存现金。
- 现金的内部控制制度主要包括：授权审批、不相容职务分离、文件记录控制、内部审计等。

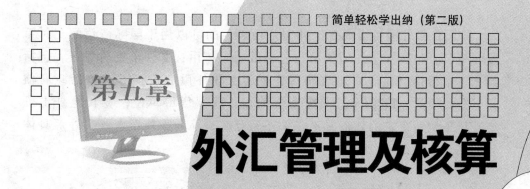

第五章

外汇管理及核算

5.1 外汇管理基本知识

【主题词】 外汇 汇率 风险

5.1.1 外汇与汇率

外汇是指外国货币或者以外国货币表示的可以用于国际清偿的支付手段和资产，包括：①外国货币，包括纸币、铸币；②外币支付凭证，包括票据、银行存款凭证、邮政储蓄凭证等；③外币有价证券，包括政府债券、公司债券、股票等；④特别提款权、欧洲货币单位；⑤其他外汇资产。该条例所规定的外汇属于广义外汇范畴，等同于外币资产。外汇具体包括内容如图 5-1 所示。

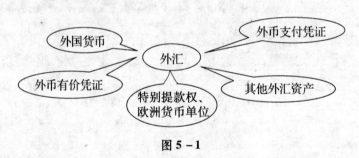

图 5-1

汇率是外汇的价格，是一个国家货币折算成另一个国家货币的比率或比价。要将不同国家间的货币进行折算，就要明确标价方法和汇率种类，才能在外汇结算业务中准确进行外汇折算。

1. 汇率的标价

在进行外汇折算时，由于选择计价货币的标准不同，可以分为两种标价方法：

（1）直接标价法

直接标价法是以一定单位的外国货币，折算为相应数量的本国货币价格的方法。现在世界上大部分国家（或地区）采用这种方法，我国也是如此。例如，2009 年 4 月 10 日，1 美元 = 6.834 元人民币，即表示 1 美元可以兑换到 6.834 元人民币。

（2）间接标价法

间接标价法是以一定单位的本国货币，折算为相应数量的外国货币价格的方法。例如：2009 年 4 月 10 日，1 元人民币 = 0.146 3 美元，即表示 1 元人民币可以兑换到 0.146 3 美元。

2. 汇率的种类

汇率由于其具有时效性和受环境影响大的特点，按不同的情况有以下分类方法：

（1）买入汇率和卖出汇率

在我国，外汇收支一般均集中在商业银行和政策性单位，它们在收支外汇的过程中实行外汇买卖，以赚取买卖差价，其外汇标价方法可以分为买入汇率、卖出汇率和中间汇率。

小知识

买入汇率又称买入价，是指银行向持汇人买入外汇时所标明的汇率。

卖出汇率又称卖出价，是指银行向购汇人卖出外汇时所标明的汇率。

中间汇率是指买入价和卖出价的平均价，等于买价加卖价之和除以 2。

（2）即期汇率和远期汇率

汇率的时效性相当强，例如，8 月 25 日汇率为 1 美元 = 6.951 元人民币，8 月 26 日汇率可能是 1 美元 = 6.949 元人民币，8 月 27 日则可能是 1 美元 = 6.948 元人民币等。在这种情况下，可按外汇买卖交割时间的长短来划分汇率。

即期汇率是指双方买卖成交后，在当天或于两天内付款，实行交割的汇率。

远期汇率又称为期汇汇率，是指外汇买卖在未来某一约定时期交割的汇率，常在外币交易套期保值业务和外币约定套期保值业务中为避免外汇汇率变动风险或进行投机性交易时采用。

（3）国际汇兑方式下的汇率

电子国际汇兑结算业务中，由于信用工具和外汇收付时间的不同，可分为电汇、信汇和票汇汇率。

电汇汇率是以电报、海底电缆或电传传达付款时所使用的汇率，由于不受利息因素的干扰，也无外汇风险，一般被视为汇率基准。

信汇汇率是以信函传达付款通知时使用的汇率。

票汇汇率是指银行买卖外币资产、支票或其他票据时所使用的汇率，由于付款时间不同，可分为即期票汇汇率和远期票汇汇率。

5.1.2 外汇风险

外汇风险是指因汇率的突然变动，给经济实体或个人手中持有的以外币计价的资产或负债的市场价值带来上涨或下跌的风险。

提醒您

各单位在进行外汇结算业务时，还可以选择外汇套期保值业务，降低外汇风险。

在商品进出口贸易中，若存在着远期付款支付条件的交易时，由于外汇是在将来一段时期后才能收回或支付的，如果在收入外汇时汇率低于成交时的汇率，则出口企业所收入外汇的实际价值就会减少，而进口企业的购汇成本会下降；反之，如果在收（付）汇时汇率高于成交时的汇率，则出口企业收汇的实际价值会增加，而进口企业的购汇成本则上升。影响外汇风险的因素还有经济环境和意外事件，它们都会直接影响到外汇的实际价值。

出纳人员如何应对外汇风险

出纳人员在了解外汇风险的同时，要积极防范外汇风险，选择对外贸易较平稳的货币，基本原则是"收硬付软"，即对收汇或债权货币选择汇率稳定趋升的货币，即所谓硬货币；对付汇或债务货币应尽可能选择汇率相对波动趋降的货币，即所谓软货币。

5.2　外汇管理

【主题词】　外汇制度　收入　支付　处罚

5.2.1　外汇管理制度

1．外汇收入结汇制

按照规定，境内所有企业事业单位、机关和社会团体（以下简称境内机构）的各类外汇收入必须及时调回境内。属于下列范围的外汇收入（外商投资企业除外）均须按银行挂牌汇率全部结售给外汇指定银行（指经批准经营外汇业务的银行，包括在中国境内的中资银行、外资银行和中外合资银行）。

- 出口或先支后收转口货物及其他交易行为取得的外汇；
- 境外贷款项下国际招标中标收入的外汇；
- 海关监管下境内经营免税商品收入的外汇；
- 交通运输及港口、邮电（不包括国际汇兑款）、旅游、广告、咨询、展览、寄售、维修等行业及各类代理业务提供商品或服务收入的外汇；
- 行政、司法机关收入的各项外汇规费、罚没款等；
- 土地使用权、著作权、商标权、专利权、非专利技术、商誉等无形资产转让收入的外汇；
- 向境外出售房地产及其他资产收入的外汇；
- 境外投资企业汇回的外汇利润、对外经援项下收回的外汇和境外资产的外汇收入；
- 对外索赔收入的外汇、退回的外汇保证金等；
- 保险机构受理外汇风险所得外汇的收入；
- 取得《经营外汇业务许可证》的金融机构经营外汇业务的收入；
- 国外捐赠、资助及援助收入的外汇；
- 国家外汇管理局规定的其他应结汇的外汇。

按照规定，境内机构的下列外汇可以向国家外汇管理局或其分支局（以下简称"外汇局"）申请，在外汇指定银行开立外汇账户，按规定办理结汇：

- 经营境外承包工程，向境外提供劳务、技术合作及其他服务业务的

公司, 在上述业务项目进行过程中收到的业务往来外汇;

➡ 从事代理对外或境外业务的机构代收待付的外汇;

➡ 暂收待付或暂收待结项下的外汇, 包括境外汇入的投标保证金、履约保证金、先收后支的转口贸易收汇、邮电部门办理国际汇兑业务的外汇汇兑款、一类旅行社收取的国外旅游机构预付的外汇、铁路部门办理境外保价运输业务收取的外汇、海关收取的外汇保证金、抵押金等;

➡ 保险机构受理外汇风险、需向外分保以及尚未结算的保费。

上述各项外汇, 根据会计制度按期结算实现的收入, 应全部结售给外汇指定银行。

哪些外汇可不结汇

只有下列范围内的外汇可不结汇, 在外汇指定银行开立外汇账户:

(1) 国家批准专项用于偿还境内外外汇债务并经外汇局审核的外汇;

(2) 捐赠协议规定用于境外支付的捐赠外汇;

(3) 境外借款, 发行外币债券、股票取得的外汇;

(4) 境外法人或自然人作为投资汇入的外汇;

(5) 外国驻华使领馆、国际组织及其他境外法人驻华机构的外汇;

(6) 外商投资企业的外汇;

(7) 居民个人及来华人员个人的外汇。

2. 外汇账户付汇制和银行售汇制

按照规定, 需要对外支付外汇, 有外汇账户, 且支付用途符合外汇账户使用范围的, 首先使用其外汇账户余额; 外汇账户使用范围以外的付汇及没有外汇账户或账户余额不足的, 方可购汇。

从外汇账户对外支付的, 开户银行应根据规定的外汇账户收支范围进行审核, 并按规定对其应持有的相应的有关单据、凭证和批准文件进行审核, 审核无误后办理支付。按照规定, 境内机构在经常项目 (指一个国家在国际收支中经常发生的各种项目, 其中包括贸易和非贸易) 下正常支付的用汇, 除按规定需有配额、许可证、登记证的商品外, 一般支付用汇, 毋须审批, 即可凭有效证件到外汇指定银行按照银行挂牌汇率, 用人民币兑付外汇。

按照规定，境内机构下列贸易及非贸易经营性对外支付用汇，持与支付方式相应的有效商业单据和所列有效凭证从其外汇账户中支付或到外汇指定银行兑付：

- 用跟单信用证、保函方式结算的贸易进口，如需在开证时购汇，持进口合同、进口付汇核销单、开证申请书；如需在付汇时购汇，还应当提供信用证结算方式要求的有效商业单据。核销时凭正本进口货物报关单办理。

- 用跟单托收方式结算的贸易进口，持进口合同、进口付汇核销单、进口付汇通知书及跟单托收结算方式要求的有效商业单据。核销时凭正本进口货物报关单办理。

- 用汇款方式结算的贸易进口，持进口合同、进口付汇核销单、发票、正本进口货物报关单、正本运输单据，若提单上的"提货人"和报关单上的"经营单位"与进口合同中列明的买方名称不一致，还应当提供两者间的代理协议。

- 进口项下不超过合同总金额的15%或者虽然超过15%但未超过等值10万美元的预付货款，持进口合同、进口付汇核销单。

上述四项进口，实行进口配额管理或者特定产品进口管理的货物，还应当提供有关部门签发的许可证或者进口证明；实行自动登记制的货物进口，还应当提供填好的登记表格。

- 进口项下的运输费、保险费，持进口合同、正本运输费收据和保险费收据。

- 出口项下不超过合同总金额2%的暗佣（暗扣）和5%的明佣（明扣）或者虽超过上述比例但未超过等值1万美元的佣金，持出口合同或者佣金协议、结汇单或者收账通知；出口项下的运输费、保险费，持出口合同、正本运输费收据和保险费收据。

- 进口项下的尾款，持进口合同、进口付汇核销单、验货合格证明。

- 进出口项下的资料费、信息费等从属费用，持进口合同或者出口合同、进口付汇核销单或者出口收汇核销单、发票或者收费收据及进口或者出口单位负责人签字的说明书。

- 从保税区购买商品以及购买国外入境展览品的用汇，持上述前8项规定的有效凭证和有效商业单据。

- 专利权、著作权、商标、计算机软件等无形资产的进口，持进口合同或协议。

○ 出口项下对外退赔外汇，持结汇水单或者收账通知、索赔协议、理赔证明和已冲减出口收汇核销的证明。

○ 境外承包工程所需投标保证金持投标文件，履约保证金及垫付工程款项持合同。

按照规定，境内机构下列贸易及非贸易经营性对外支付外汇，指定银行凭用户提出的支付清单先兑付，事后核查：

○ 进料加工生产复出口商品的进口，持外经贸部门批准的进料加工合同；

○ 经国务院批准的免税品公司按规定范围经营免税商品的进口支付；

○ 民航、海运、铁道部门支付境外国际联运费、设备维修费、港口使用费、燃料供应费、保险费、非融资性租赁费及其他服务费用；

○ 民航、海运、铁道部门支付国际营运人员伙食、津贴补助；

○ 邮电部门支付国际邮政、电信业务费用。

按照规定，境内机构下列对外支付用汇，由外汇局审核其真实性后，从其外汇账户中支付或到外汇指定银行兑付：

○ 超过规定比例和金额的预付货款；

○ 超过规定比例和金额的佣金；

提醒您

　　财政预算内的机关、事业单位和社会团体的非贸易非经营性用汇，实行人民币预算限额控制购汇。购汇人民币限额由财政部门统一核定，中国银行为用汇单位建立账户，年终账户余额由银行自动注销。各用汇单位需用汇时，凭"非贸易用汇支出申请表"和人民币支票在核定的限额内到中国银行兑付。中国银行核对无误后售汇，同时销减用汇单位账户内的购汇人民币限额。用汇单位出国团组回国后，应在10日内报账，对结余的外汇应填写"非贸易外汇退汇通知书"，到中国银行办理退汇，中国银行按退汇通知书余额相应恢复购汇人民币限额。

○ 转口贸易项下先支后收发生的对外支出；

○ 偿还外债利息；

⊜ 超过等值 1 万美元的现钞提取。

按照规定，财政预算外的境内机构下列非经营性用汇，持所列有效凭证从其外汇账户中支付或到外汇指定银行兑付：

⊜ 在境外举办展览、招商、培训及拍摄影视片等用汇，持合同、境外机构的支付通知书及主管部门批准文件；

⊜ 对外宣传费、对外援助费、对外捐赠外汇、国际组织会费、参加国际会议的注册费及报名费，持主管部门的批准文件及有关函件；

⊜ 在境外设立代表处或办事机构的开办费和年度预算经费，持主管部门批准设立该机构的批准文件和经费预算书；

⊜ 国家教委国外考试协调中心支付境外的考试费，持对外合同和国外考试机构的账单或者结算通知书；

⊜ 在境外办理商标、版权注册，申请专利和法律、咨询服务等费用，持合同和发票；

⊜ 因公出国费用，持国家授权部门的出国任务批件。

除上述 6 项以外的非经营性用汇，由外汇局审核其真实性以后，从其外汇账户中支付或者到外汇指定银行兑付。

按照规定，境内机构偿还境内中资金融机构外汇贷款本金，持外汇（转）贷款登记证、借贷合同和债权机构还本通知单，从其外汇账户中支付或者到外汇指定银行兑付。境内机构资本项下的下列用汇，所列有效凭证向外汇局申请，凭外汇局的核准文件从其外汇账户中支付或者到外汇指定银行兑付：

⊜ 偿还外债本金，持外债登记证、借贷合同及债权机构还本通知单；

⊜ 对外担保履约用汇，持担保合同、外汇局核发的外汇担保登记证及境外机构支付通知；

⊜ 境外投资资金的汇出，持国家主管部门的批准文件和投资合同；

⊜ 外商投资企业的中方投资者经批准需以外汇投入的注册资金，持国家主管部门的批准文件和合同。

外商投资企业的外汇资本金的增加、转让或者以其他方式处置，持董事会决议，经外汇局核准，从其外汇账户中支付或者到外汇指定银行兑付。

投资性外商投资企业外汇资本金在境内投资及外方所得利润在境内增资或者再投资，持外汇局核准件办理。

无论是购汇支付还是从外汇账户支付，均须在有关结算方式或合同规定的日期办理，不得提前付款。需提前偿还境外债务本息的，须经外汇局批准后方可购汇并对外支付。

易货项下进口不得购汇或用外汇账户支付。

外汇指定银行应按出口企业结汇额的 50% 为其设立台账，出口企业为扩大出口所需用汇（包括进料加工、包装物料、出口基地、索理赔、运保费、售后服务及其他贸易从属费等），按规定凭前述支付方式相应的有效商业单据和相关的有效凭证到外汇指定银行兑付或者由银行凭企业提交的支付清单兑付。经过事后核查，然后由兑付银行从出口企业台账余额中扣减其相应的数额。

 案例

会计信息质量检查中发现，某公司保险柜中除存放一定数量的库存现金外，还存放有美元 9 000 元、欧元 10 000 元。经查实，库存美元和欧元都是该公司因公组团去国外考察结存的外汇。该公司为自己使用方便，未到外汇管理机关指定银行办理结汇手续。请问：该公司的做法违反了国家关于外汇管理的什么规定？

案例分析

该公司的做法违反了国家外汇管理局关于外汇管理中购汇和结汇的规定。国家外汇管理制度规定：因公出国费用，持国家授权部门的出国任务批件，从其外汇账户中支付或到外汇指定银行购汇。

用汇单位出国团组回国后，应在 10 日内报账，对结余的外汇应填写"非贸易外汇退汇通知书"，到外汇指定银行办理退汇，外汇指定银行按退汇通知书余额相应恢复购汇人民币限额。

5.2.2　外汇收入的管理

按照有关规定，我国境内机构的经常项目外汇收入必须调回国内；资本项目外汇收入除国务院另有规定的，也应当调回国内。同时，境内机构的外汇收入实行申报管理制度，企业在对外汇收入进行管理时，要分清收汇项目、结汇项目以及不结汇项目的区别，对不同性质的收入项目进行管理，并按有关规定开立和使用外汇账户，及时办理外汇核销事宜，以便更好地完成外汇结算工作。

提醒您

为使有远期支付合同或偿债协议的用汇单位避免汇率风险，外汇指定银行按有关规定为其办理人民币与外币的远期买卖及其他保值业务。

1．全额结售外汇项目

按照中国人民银行发布的《结汇、售汇及付汇管理规定》的要求，取得规定范围内的外汇收入（另有规定的除外）的境内机构（外商投资企业除外），均应按银行挂牌汇率全部结售给外汇指定银行。

2．结汇项目

境内机构（不含外商投资企业）在规定的范围内使用外汇，可以向国家外汇管理局及其分支局申请，在取得外汇局核发的开户凭证后，在经营外汇业务的银行开立外汇账户，按照规定办理结汇。

提醒您

出口单位不论采用何种方式收汇，必须在最迟收款日期后的 30 个工作日内，凭解付行签章的核销单、结汇水单或收账通知以及有关证明文件到当地外汇管理部门办理出口收汇核销手续。逾期未收汇的，出口单位必须及时向外汇管理部门以书面形式申报原因，由外汇管理部门视情况处理。

3．不结汇项目

境内机构在取得外汇局核算的开户凭证后，在外汇指定银行开立外汇账户，属于规定范围内的外汇可以保留而不结汇。

4．外汇收入申报制度

按照《出口收汇核销管理办法》的规定，境内机构在一切出口贸易方式项下的收汇事宜，都要按要求进行收入申报，以便于国家对外汇管理进行宏观调控，其具体步骤如下：

（1）出口单位应到当地外汇管理部门申领经外汇管理部门加盖"监督收汇"章的核销单。在货物报关时，出口单位必须向海关出示有关核销单，凭有核销单编号的报关单办理报关手续，否则海关不予受理报关。货物报关后，海关在核销单和有核销单编号的报关单上加盖"放行"章。

（2）出口单位填写核销单后因故未能出口的，出口单位须向外汇管理部门办理核销单注销手续。

（3）出口单位报关后，必须及时将有关报关单、汇票副本、发票和核销单存根送当地外汇管理部门以备核销。

（4）出口单位在向受托行交单时，受托行必须凭盖有"放行"章的核销单受理有关出口单据。凡没有附核销单的出口单据，受托行不得受理。出口单位无论自营出口或委托代理出口，在报关时都必须使用自己的核销单。代理报关单位在为出口单位办完报关手续后，必须及时将核销单和有关报关单退还委托人。

（5）出口单位用完核销单后，可向当地外汇管理部门核领新的核销单。

（6）出口单位的一切出口货款，必须在下列最迟收款日期内结汇或收账：

- 即期信用证和即期托收项下的货款，必须从寄单之日起，港澳和近洋地区 20 天内、远洋地区 30 天内结汇或收款。
- 远期信用证和远期托收项下的货款，必须从汇票规定的付款日起，港澳地区 30 天内、远洋地区 40 天内结汇或收款。
- 寄售项下的货款，出口单位必须在核销单存根上填写最迟收款日期，最迟收款日期不得超过自报关之日起 360 天。
- 寄售以外的自寄单据（指不通过银行交单索汇）项下的出口货款，出口单位必须在自报关之日起 50 个工作日内结汇或收款。

5.2.3　外汇支付的管理

外汇支付业务涉及很多外汇管理规定，出纳人员在付汇操作过程中，要注意掌握外汇账户付汇制度、银行售汇制度和贸易进口付汇核销制度的有关内容，做到依法付汇，避免外汇风险。

1．外汇账户付汇制度

我国境内机构设立了外汇账户的，都要遵守外汇账户付汇的有关规定，办理外汇支付事宜，其主要规定有：

- 所有对外支付，有外汇账户的，且支付用途符合外汇账户使用范围的，首先使用外汇账户余额；外汇账户使用范围以外的付汇及没有外汇账户或账户余额不足时，方可购汇。
- 从外汇账户对外支付的，开户银行应根据规定的外汇账户收支范围进行审核，并按相应的用汇规定对其持有的有效凭证进行审核，办理支付。
- 购汇支付和从外汇账户支付的，均须在有关结算方式或合同规定的日期办理，不得提前对外付款；需提前偿还境外债务本息的，经外汇局批准后方可购汇交对方支付。
- 为使有远期支付合同或偿债协议的用汇单位避免汇率风险，外汇指定银行可按有关规定为其办理人民币与外币的远期买卖及其他保值业务。

2．银行售汇制度

企业按规定可以向外汇指定银行购汇支付，银行根据外汇的不同用途采取相应的售汇措施，其兑付项目主要有以下几种：

（1）先核查后兑付的项目

境内机构因贸易及非贸易经营性对外支付用汇，持与支付方式相应的有效商业单据和所列有效凭证从其外汇账户中支付或者到外汇指定银行兑付。

小知识

汇率制度主要包括：确定汇率的原则和依据；维持和调整汇率的办法；管理汇率的法律和制度；制定和管理汇率的机构。

（2）先售汇后核查的项目

境内机构因贸易及非贸易经营性对外支付外汇，指定银行凭用户提出的支付清单先购汇，事后核查。

（3）外汇局审核兑付的项目

境内机构因贸易及非贸易经营性对外支付，由外汇局审核其真实性后，持外汇局核发的凭证通知单到外汇指定银行购汇。

（4）资本融资用汇项目

境内机构资本融资项下的规定用汇，持所列有效凭证向外汇局申报，凭外汇局的核准文件到外汇指定银行购汇兑付。

（5）预算单位的非贸易非经营性用汇项目

财政预算内的机关、事业单位和社会团体的非贸易非经营性用汇，实行人民币预算限额控制购汇，购汇人民币限额由财政部门统一核定。

（6）预算外单位非经营性用汇项目

财政预算外的境内机构非经营性用汇可持外汇局核发的售汇通知书单到外汇指定银行兑付。

3．进口付汇核销制度

小知识

贸易外汇是指在对外贸易中因收付贸易货款、交易佣金、运输费和保险费等发生的外汇。非贸易外汇是指对外贸易及从属费用结算范围以外的外汇。

按照《贸易进口付汇核销监管暂行办法》的规定，进口单位应按照下列程序办理进口付汇核销事宜：

→ 进口单位付汇，应当按规定如实填写核销单（一式三联），属于货到汇款的，还应当填写有关"进口货物报关单"编号和报关币种金额，将核销单连同其他付汇单证一并送外汇指定银行审核。

→ 外汇指定银行在办理付汇手续后，应当将核销单第一联按货到汇款和其他结算方式分类，分别装订成册，并按周向进口单位所在地外汇局报送；将第二联退进口单位；将第三联与其他付汇单证一并留存 5 年备查。

⮕ 外汇指定银行对凭备案表付汇的，应当将备案表第一联与核销单第三联一并留存备查；将第二联与核销单第二联退进口单位留存；将第三联与核销单第一联报送本银行所在地外汇局。

⮕ 进口单位应当按月将核销表及所附核销单证报外汇局审查；外汇局应当在有关货物进口报关后 1 个月内办理核销报审手续。

⮕ 在办理核销报审时，对已到货的，进口单位应当将正本进口货物报关单等核销单证附在相应核销单后（凭备案表付汇的还应当将备案表附在有关核销单后），并如实填写贸易进口付汇到货核销表；对未到货的，填写"贸易进口付汇未到货核销表"。

⮕ 外汇局审查进口单位报关的核销表及所附单证后，应当在核销表及所附的各张报关单上加盖"已报审"章，留存核销表第一联，将第二联与所附单证退进口单位。进口单位应当将核销表及所附单证保存 5 年备查。

5.2.4　违反外汇管理制度的处罚

由于国家对外汇有着严格的控制，凡涉及外汇业务的企业都必须按有关法规制度执行，否则就会受到法律的处罚和制裁。作为出纳人员，必须要熟悉了解的有关外汇处罚规定有：

1. 逃汇行为

有下列逃汇行为之一的，由外汇管理机关责令限期调回外汇，强制收兑，并处逃汇金额 30% 以上 5 倍以下的罚款；构成犯罪的，依法追究刑事责任：

⮕ 违反国家规定，擅自将外汇存放在境外的；

⮕ 不按照国家规定将外汇卖给外汇指定银行的；

⮕ 违反国家规定将外汇汇出或者携带出境的；

⮕ 未经外汇管理机关批准，擅自将外币存款凭证、外币有价证券携带或者邮寄出境的；

⮕ 其他逃汇行为。

2．非法套汇行为

有下列非法套汇行为之一的，由外汇管理机关给予警告，强制收兑，并处非法套汇金额 30% 以上 3 倍以下的罚款；构成犯罪的，依法追究刑事责任：

- 违反国家规定，以人民币支付或者以实物偿付应当以外币支付的进口货款或者其他类似支出的；
- 以人民币为他人支付在境内的费用，由对方付给外汇的；
- 未经外汇管理机关批准，境外投资者以人民币或者境内所购物资在境内进行投资的；
- 以虚假或者无效的凭证、合同、单据等向外汇指定银行骗购外汇的；
- 非法套汇的其他行为。

3．擅自经营外汇的行为

未经外汇管理机关批准，擅自经营外汇业务的，由外汇管理机关没收违法所得，并予以取缔；构成犯罪的，依法追究刑事责任。

经营外汇业务的金融机构擅自超出批准的范围经营外汇业务的，由外汇管理机关责令改正，有违法所得的，没收违法所得，并处违法所得 1 倍以上 5 倍以下的罚款；没有违法所得的，处 10 万元以上 50 万元以下的罚款；情节严重或者逾期不改正的，由外汇管理机关责令整顿或者吊销经营外汇业务许可证；构成犯罪的，依法追究刑事责任。

4．违反外债管理的行为

境内机构有下列违反外债管理行为之一的，由外汇管理机关给予警告，通报批评，并处 10 万元以上 50 万元以下的罚款；构成犯罪的，依法追究刑事责任：

- 擅自办理对外借款的；
- 违反国家有关规定，擅自在境外发行外币债券的；
- 违反国家有关规定，擅自提供对外担保的；
- 有违反外债管理规定的其他行为的。

5．非法使用外汇的行为

境内机构有下列非法使用外汇行为之一的，由外汇管理机关责令改正，强制收兑，没收违法所得，并处违法外汇金额等值以下的罚款；构成犯罪的，依法追究刑事责任：

💧 以外币在境内计价结算的；

💧 擅自以外汇作质押的；

💧 私自改变外汇用途的；

💧 非法使用外汇的其他行为。

6. 其他

💧 私自买卖外汇、变相买卖外汇或者倒买倒卖外汇的，由外汇管理机关给予警告，强制收兑，没收违法所得，并处违法外汇金额 30% 以上 3 倍以下的罚款；构成犯罪的，依法追究刑事责任。

💧 境内机构违反外汇账户管理规定，擅自在境内、境外开立外汇账户的，出借、串用、转让外汇账户的，或者擅自改变外汇账户使用范围的，由外汇管理机关责令改正，撤销外汇账户，通报批评，并处 5 万元以上 30 万元以下罚款。

💧 境内机构违反外汇核销管理规定，伪造、涂改、出借、转让或者重复使用进出口核销单证的，或者未按规定办理核销手续的，由外汇管理机关给予警告，通报批评，没收违法所得，并处 5 万元以上 30 万元以下的罚款；构成犯罪的，依法追究刑事责任。

5.3　外汇核算

【主题词】　外汇核算原则　账户设置　日常处理

5.3.1　外汇核算的原则

外币业务属于特殊类型的经济业务事项，其会计核算方法也有特定原则和要求。具体如图 5-2 所示。

1. 外币账户采用双币记账

即在反映外币业务时，在将外币折算为记账本位币入账的同时，还要在账簿上用业务发生的成交货币（原币）入账，以真实全面地反映每一笔外汇业务的实际情况。

图 5-2　外汇核算的原则

2. 外币核算采用折算记账

企业发生外币业务时，应当将有关外币金额折合为记账本位币金额记账，除另有规定外，所有与外币业务有关的账户，应当采用业务发生时的汇率，也可以采用业务发生当期期初的汇率折合。

3. 计算汇兑损益

企业因向外汇指定银行结售或购入外汇时，按银行买入价、卖出价进行交易与市场的汇价产生的汇率差额，作为外币兑换损益计入汇兑损益。

4. 月末余额折算本位币

企业对各外币账户的期末余额要以期末市场汇率折合为记账本位币的金额，以如实反映该外币按月末汇率折算为记账本位币后的实际期末余额，将折算的期末余额与原记账本位币余额的差额按规定记入该账户和汇兑损益账户。

5. 采用外币分账制

对于经营多种货币信贷或融资租赁业务的企业，也可以根据业务的需要，采用分账制。即企业对外币业务在日常核算时按照外币原币进行记账，分别对不同的外币币种核算其所实现的损益，编制各种货币币种的出纳报表，并在资产负债表中一次性地将各外币会计报表折算为以记账本位币表示的会计报表，据以编制企业的汇总会计报表。

5.3.2 外汇核算账户的设置

1. 外汇账户的开立

按照国家外汇管理局 1994 年 4 月 1 日颁布的《外汇账户管理暂行办法》的规定，不同的外汇，办理开户的手续各不相同：

（1）下列外汇，开户单位应首先向外汇局提出申请，持外汇局核发的外汇账户使用证到开户银行办理开户手续：

- 经营境外承包工程，向境外提供劳务、技术合作及其他服务业务的公司，在上述业务项目进行过程中收到的业务往来外汇；
- 从事代理对外或境外业务的机构代收待付的外汇；
- 暂收待付或暂收待结项下的外汇，包括境外汇入的投标保证金、履约保证金、先收后支的转口贸易收汇、邮电部门办理国际汇兑业务的外汇汇兑款、一类旅行社收取的国外旅游机构预付的外汇、铁路部门办理境外保价运输业务收取的外汇、海关收取的外汇保证金、抵押金等；
- 保险机构受理外汇风险、需向境外分保以及尚未结算的保费；
- 捐赠协议规定用于境外支付的捐赠外汇。

提醒您

中国境内的企业、事业单位、机关和团体应当在其注册地开立外汇账户；需要在境内其他地区开立外汇账户的，应持注册地外汇管理局的核准文件及有关材料向开户所在地外汇管理局申请，并按照规定办理开户手续。

开户单位向外汇管理局申请领取外汇账户使用证必须持下列材料：

- 申请开立账户的报告；
- 企事业单位持工商行政管理部门颁发的营业执照，社会团体持民政部门颁发的社团登记证，其他单位持国家授权机关批准成立的有效批件；

外汇管理局要求提供的其他有关材料。

外汇管理局审查同意后，发给外汇账户使用证，在其中注明账户的币种、收支范围、使用期限及相应的结汇方式。

（2）下列外汇，开户单位可以持下列有效凭证直接到开户银行办理开户手续：

外商投资企业的外汇，持外汇局核发的外商投资企业外汇登记证；

境外借款、发行外币债券取得的外汇，持外汇局核发的外债登记证或者外汇（转）贷款登记证；

驻外机构的外汇，持机构设立批准部门的批准文件或者投资意向书。

（3）下列外汇，开户单位须持经批准文件向外汇管理局提出申请，持外汇管理局核发的开户通知，然后再到开户银行办理开户手续：

经国家批准专项用于偿还境内外外汇债务的外汇；

经批准对境外法人、自然人发行股票取得的外汇。

2．账户的使用

开户单位使用外汇账户应当严格遵循国家外汇管理的有关规定和给汇账户的收支范围，并接受开户银行的监督。

按照规定，境外借款、发行外币债券取得外汇和对境外法人、自然人发行股票取得的外汇所开立的账户其收入应严格限于该限定外汇；专项用于偿还境内外外汇债务的外汇开立的账户，只能用于支付债务本息，不得用于其他支付，其账户余额不得超过下两期应当偿还的本息总额，其收付须逐笔经外汇管理局核准。

此外，开户单位不得出租、出借或者串用外汇账户，不得利用外汇账户非法代其他单位或个人收付、保存或者转让外汇。

3．账户的变更、撤销

（1）外汇账户变更

开户单位由于种种原因需要变更外汇账户的有关内容，应按规定程序持有关材料向开户银行提出变更申请，经银行审查同意后办理变更手续。

按照规定，凡是应先向外汇管理局提出申

提醒您

境内机构在境外开立外汇账户的，须向外汇管理局提出申请，经批准后方可在境外开户。

请、凭外汇管理局核发的外汇账户使用证到银行开户的外汇账户，如开户单位需要变更账户的币种、收支范围、使用期限以及结汇方式等内容，应持相应的有关材料首先向外汇管理局提出申请，变更外汇账户使用证的有关内容，然后到银行办理账户的变更手续，否则银行将不予办理。

境外借款、发行外币债券取得的外汇和经批准专项用于偿还境内外外汇债务的外汇以及经批准对境外法人、自然人发行股票取得的外汇开立的外汇账户，在变更账户的有关内容时，不得变更账户的收支范围。

（2）外汇账户的撤销

按照规定，外汇账户使用期满或者由于其他种种原因需要撤销外汇账户时，外汇管理局按照规定对开户银行和开户单位下达撤销外汇账户通知书，并对该账户余额做出明确处理，限期办理撤户手续。境内企业事业单位、机关和社会团体按照规定关闭账户时，其外汇余额全部结汇；其中属于外商投资企业外方投资者的部分，允许其转移或汇出。账户关闭后，开户单位应当将外汇账户使用证、外债登记证和外汇（转）贷款登记证退回外汇管理局。

按照规定，境内机构经批准在境外开立的外汇账户，自使用到期之日起30日内，开户单位须向外汇管理局提出已注销境外账户说明，将余额调回境内，并提交销户清账单；需要延期使用境外账户的，须在到期前30天向外汇管理局提出申请。

5.3.3　外汇核算的日常处理

1．记账本位币和外币

记账本位币，是指各单位从事生产经营和业务活动的基本货币，是各单位计量其资金流动和业务经营成果的统一尺度。外币是指除本国货币以外的其他货币，在会计核算中通常指记账本位币以外的各种货币。

提醒您

会计法规定，各单位应当以人民币为记账本位币，业务收支主要以外币为主的单位，也可以选定某种外币为记账本位币，但是编报的财务会计报告应当折算为人民币。

2. 记账汇率和账面汇率

记账汇率是指各单位在计算和记录以外币计算的业务时所采用的汇率。

记账汇率分为固定汇率和变动汇率两种。

固定汇率是指在一定时期内保持不变的记账汇率，如采用当月 1 日或者上季末的汇率，作为记账汇率，在本月或本季内保持不变。

变动汇率是指根据外汇牌价的变动而经常变动的记账汇率，如采用当天外汇牌价作为记账汇率，则其记账汇率每天都在变动。

账面汇率是指企业采用的已登记入账的汇率。账面汇率可以采用先进先出法、逐笔认定法、月终调整法、加权平均法等方法加以确定。

3. 汇兑损益

汇兑损益，是指各单位的外币存款、外币借款以及用外币结算的往来款项变动时和因两种不同外币之间折算而发生的差额，它包括两层含义：一是外币账户的期末余额，按照期末国家的外汇牌价折合为记账本位币金额和按账面汇率记载的记账本位币金额之间的差额；二是不同币种之间的折算发生的记账本位币的差额。

4. 外汇业务核算的原则

按照财务会计制度规定，外汇业务核算应遵循以下原则：

- 企业发生外币现金、外币存款以及外币债权债务等业务时，应将有关外币金额折合人民币记账，并同时在账户上登记原币金额和折合率。

- 企业将外币折合成人民币记账时，所采用的折合率可以是业务发生时当日的中国人民银行公布的市场汇价，也可以采用当月 1 日的市场汇价，会计期末再按期末市场汇价折合成人民币进行调整，调整后的人民币余额与原账面余额的差额作为汇兑损益处理。

- 企业事业单位等向银行结汇时，一方面按照银行兑付给单位的人民币金额记银行存款增加数，另一方面按市场汇价计算的人民币金额记应收账款的减少数，两者的差额作为汇兑损益；单位向银行购汇时，一方面按实际支付的人民币金额记银行存款的减少数，另一方面按照市场汇价折合的人民币金额记减少的应付款项等。

5.4 外汇业务例题及会计分录

1. 外币兑换业务的核算

外币兑换业务是指企业从银行等金融机构购入外币或向银行等金融机构卖出外币的业务。企业购入外币则是银行卖出外币，企业从银行购入外币一般是按照外币卖出价购买的，企业在会计核算中对付出记账本位币的数额是按照外币卖出价折算的。企业卖出外币则是银行购入外汇，企业向银行卖出外币一般是按照银行外币买入价计算的，企业在会计核算中对收入的记账本位币的数额则是按照银行外币买入价折算的。

企业卖出外币时，一方面将实际收入的记账本位币的数额（即按照外币买入价计算的记账本位币的数额）登记入账；另一方面按照当日的基准汇率将卖出的外币折算为记账本位币，并将其登记入账；同时按照卖出的外币金额登记相应的外币账户。实际收入的记账本位币的数额，与付出的外币按照当日基准汇率折算为记账本位币数额之间的差额，则作为当期汇兑损益处理。

【例题5-1】安国公司外币业务采用发生时的基准汇率折算（下同）。2009年4月10日将5万美元到银行兑换为人民币，当日的银行美元买入价为100美元=681.95元人民币，该日的基准汇率为100美元=683.32元人民币。此时，该企业应对银行存款美元账户作减少记录的同时，按照当日的基准汇率将售出的美元折算为人民币，对相应的银行存款人民币账户作减少记录，账务处理如下：

借：银行存款（人民币户）（50 000美元×6.819 5）　　340 975

财务费用　　685

贷：银行存款——美元户（50 000美元×6.833 2）　　341 660

企业买入外币时，一方面将实际付出的记账本位币的数额（即按照外汇卖出价计算的记账本位币的数额）登记入账；另一方面按照当日的基准汇率将买入的外币折算为记账本位币，并将其登记入账；同时按照买入的外币金额登记相应的外币账户。实际付出的记账本位币的数额与收入的外币按照当日基准汇率折算为记账本位币数额之间的差额，则作为当期汇兑损益处理。

【例题5-2】安国公司2009年4月14日因外汇支付需要，从银行购入1万美元，当日银行美元卖出价为100美元=684.60元人民币，当日基准汇率为 100 美元 = 682.96 元人民币。此时，该公司在对美元存款账户作增加记录的同时，按照当日的基准汇率折算为人民币对相应的银行存款人民币账户作增加记录，账务处理如下：

借：银行存款——美元户（10 000 美元 ×6.829 6）　　　68 296

　　财务费用　　　　　　　　　　　　　　　　　　　　　164

　　贷：银行存款（人民币户）（10 000 美元 ×6.846）　　　68 460

2. 外币购销业务的核算

企业从国外或境外购进原材料、商品或引进设备，在以外币进行结算时，应当按照当日或期初的基准汇率将支付的外汇或应支付的外汇折算为人民币记账，以确定购入原材料等货物的入账价值和发生债务的入账价值，同时还应按照外币的金额登记有关外币账户，如外币银行存款账户和外币应付账款账户等。

【例题 5 - 3】安国公司 2009 年 3 月 10 日从境外购入一批工业原料，价款为 25 万美元，购入该商品时当日基准汇率为 100 美元 = 683.58 元人民币，款项尚未支付。此时，企业购入该工业原料的入账价值为 1 708 950 万元人民币，以银行存款支付进口增值税 290 521.50 元，关税 5 万元人民币，账务处理如下：

借：材料（250 000 美元 ×6.835 8 +50 000）　　　　1 758 950

　　应交税金——应交增值税（进项税额）　　　　　290 521.50

　　贷：长期应付款——美元户（250 000 美元 ×6.835 8）　1 708 950

　　　银行存款　　　　　　　　　　　　　　　　　340 521.50

【例题 5 - 4】安国公司 2009 年 2 月 16 日从国外购入配件 500 件，每件价格为 40 美元，当日基准汇率为 100 美元 = 683.43 元人民币，进口关税为 13 669 元人民币，支付进口增值税 23 236.62 元人民币，货款尚未支付，进口关税及增值税由银行存款支付。此时家用小电器的取得成本为 178 200 元人民币（500 ×40 美元 ×8.10 +16 200），账务处理如下：

借：材料（500 ×40 美元 ×6.834 3 +13 669）　　　　150 355

　　应交税金——应交增值税（进项税额）　　　　　23 236.62

　　贷：应付账款——美元户（500 ×40 美元 ×6.834 3）　136 686

　　　银行存款　　　　　　　　　　　　　　　　　36 905.62

公司对外销售商品时，应当按照当日或期初的当日基准汇率将外币销售收入折算为人民币入账；同时对于销售应取得的外币款项或发生的应收债权，在按照折算为人民币的金额确认入账的同时，还应按照外币的金额登记有关外币账户，如外币银行存款账户和外币应付账款账户等。

【例题5－5】安国公司2008年1月22日销售商品一批，销售合同规定的销售价格为30万美元，当日的基准汇率为100美元＝725.56元人民币，货款尚未收到。账务处理如下：

借：应收账款——美元户（300 000 美元×7.255 6）　2 176 680
　　　贷：主营业务收入（300 000 美元×7.255 6）　　　　　2 176 680

本章牢记要点

- 注意外汇与汇率的关系。外汇主要是指外国货币，汇率是外汇的价格。
- 注意外汇账户付汇制与银行售汇制的区别。
- 银行售汇兑付项目主要包括：先核查后兑付项目、先售汇后核查项目、外汇局审核兑付项目、资本融资用汇项目、预算单位非贸易非经营性用汇项目、预算外单位非经营性项目。
- 注意逃汇行为、非法套汇行为、擅自经营外汇行为、违反外债管理行为、非法使用外汇行为的界线。
- 外汇核算原则包括：采用双币记账、采用折算记账、计算汇兑损益、月末余额折算本位币、采用外币分账制。

第六章

出纳错弊及更正

6.1 出纳错弊

【主题词】 出纳差错　原因　种类　会计舞弊

6.1.1 出纳错款和失款

1. 错款

错款是指库存现金的实存数和账存数的差额。如果现金实存数多于账上结存数，就叫"长款"；反之，则称为"短款"。

2. 失款

失款是指出纳办完收付款业务后，发现现金实存数少于现金账存数的差额。失款一般属于人为等原因损失的款项。

提醒您

出纳在工作中发生错款或失款，不论是责任事故或意外事故，是人为原因或自身原因，都应立即向主管会计人员报告，如实反映情况，要积极采取有效措施，查明原因，以挽回或减少损失。切勿因怕受牵连、受嫌疑或因工作有缺点而隐瞒、掩饰真相，甚至私下制造假象以图推卸责任。

6.1.2 出纳差错的原因和类型

1. 出纳差错产生的原因

（1）收款中造成差错的原因

➡ 一笔款未收完，又接着收第二笔，搞乱缴款者的款项。

➡ 收款清点完毕，对券别加总数时不认真复核，以致发生加错金额、看错券别、看错大数、点错尾数等。

➡ 桌子上的现金还没有收拾干净又收第二笔，或者收入现金的抽屉里的分格箱没有放好丢在桌面上，把自己的款与他人的款混淆在一起，误作长款退给了他人。

⤳ 初点不符，复点相符，不再进行第三次核实，实际有误，就作无误收下。

⤳ 缴款者交来的现金零乱，只凭出纳人员初次清查计算的数目为准。

⤳ 忘记将应找补的现金还给缴款者。

⤳ 清点 10 张或 20 张的折叠钞票，只点平版的 9 张或 19 张，忽略了折起来的那一张。

⤳ 用手工清点现金时贪快，未能发现加杂其中的不同票面额的票币。

⤳ 用机器点完一把钞票，拿起来捆扎时，没有看清接钞台上是否仍留有人民币，或人民币被卷入输送带未发现，以致产生一把多、一把少的现象。

（2）付款中造成的差错

⤳ 现金的放置不定位，配款时取错券别，既不细看，又不复核，随手付出。

⤳ 小沓折叠钞票，每沓不固定，有时 10 张一沓，有时 20 张一沓，付出时不复点。

⤳ 未看清凭证上所列的付款金额数，粗心大意，随手付出。

⤳ 贪图方便，付出时不用算盘加计券别，单靠心算，以致出错。

2．出纳容易产生差错的时间

出纳容易产生差错的时间，如图 6 - 1 所示。

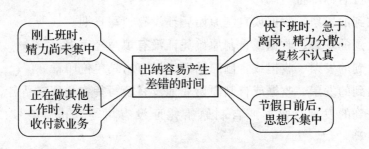

图 6 - 1　出纳容易产生差错的时间

3．出纳差错的类型

出纳工作中，经常遇到的差错种类很多，其主要表现在：

→ 记账凭证汇总表不平；

→ 总分类账与现金或银行存款日记账不平；

→ 银行存款账户调整后的余额与银行对账单不符等。

在实际工作中常见的记录错误有哪些

在实际工作中常见的记录错误有：

→ 现金支付错误。是指出纳受理了会计制度规定不应受理的经济业务事项。主要表现为报销了应个人承担的药费、以非合法的单据支付了现金、超范围使用现金、为外单位拆借现金等。

→ 记账错误。主要表现为漏记、重记、错记三种。错记又表现为错记了会计科目、错记了记账方向、错用了记账墨水、错记了金额等。

→ 计算错误。主要表现为运用计算公式错误、选择计算方法错误、选定计量单位错误、大小写金额计算错误等。

6.1.3 出纳常见的差错

1. 会计凭证中的错弊

（1）原始凭证的差错

→ 收到的发票或收据没有国家税务机关或财政机关监制印章。

→ 收到的发票、收据或自制原始凭证没有填写抬头，或填写的抬头与单位名称不符。

→ 收到的发票、收据或自制原始凭证没有填写日期。

→ 收到的发票、收据或自制原始凭证没有填写经手人。

→ 收到的发票、收据或自制原始凭证没有出具单位印章。

→ 收到的发票、收据或自制原始凭证没有填写货物名称或品名。

→ 收到的发票、收据或自制原始凭证没有填写规格、型号、计量单位等。

→ 收到的发票、收据或自制原始凭证填写的金额不准确。

→ 收到的发票、收据或自制原始凭证填写大写金额的数字不规范。

→ 收到的发票、收据或自制原始凭证填写的大小写金额涂改，或者在更改后的金额上加盖了出票单位的印章。

收到的发票、收据或自制原始凭证没有附实物验收凭证。

（2）记账凭证的差错

记账凭证没有填写制单日期，或者填写制单日期与受理经济业务事项的日期不一致。

记账凭证填写的摘要过于简单或用语不准确。

记账凭证无编号，或编号未按顺序编制，或编号方法不规范。

记账凭证填写的会计科目错误，即没有正确运用有关会计科目，发生了科目运用错误、内容错误和对应关系错误等。

记账凭证未按先借后贷的顺序填写会计科目。

记账凭证填写的金额与所附原始凭证的金额不相等，或与原始凭证的内容不相符。

记账凭证没有填写附件张数，或填写的附件数量与实际附件张数不一致。

记账凭证中没有记账、审核等人员的签章。

（3）记账凭证中的舞弊

假账真做。它是指无原始凭证而以行为人的意志凭空填制记账凭证，或在填制记账凭证时，让其金额与原始凭证不符，并将原始凭证与记账凭证不符的凭证混杂于众多凭证之中。

真账假做。它是指舞弊者故意错用会计科目或忽略某些业务中涉及的中间科目，来混淆记账凭证对应关系，打乱查阅人的视线。

障眼法。就是对记账凭证的摘要栏进行略写或错写，使人看不清经济业务的本来面目。舞弊者采用这种手法，使记账凭证的摘要往往与原始凭证所反映的真实经济业务不符，或让摘要空出不写，或者简写上几个让人不得要领的文字，以达到掩饰和弄虚作假的目的。

大头小尾票据。就是在对外开具发票或收据时，未按规定使用复写纸，出现报销联和记账联金额不一致，形成大头小尾的票据。

2. 会计账簿中的错弊

会计账簿中的错误主要存在于启用、设置、登记、结账等环节。

（1）会计账簿启用错误

出现在会计账簿启用中的错误主要表现在以下几个方面：

- 在会计账簿封面上未写明单位名称和账簿名称。
- 在会计账簿扉页上未附"启用表"，或虽附有"启用表"，但所列内容填写不齐全、不完整。
- 会计人员调动工作时，未按规定在会计账簿中注明交接事项，无法明确有关责任。
- 启用活页式会计账簿时，未按规定对其编订页数。

（2）会计账簿设置错误

- 会计账簿形式设计不合理。
- 会计账簿设置不齐全。任何单位必须设置数量能满足需要的总账，对现金和银行存款必须设置订本式日记账，对需要提供详细经济活动情况的，还必须设置能够满足需要的明细账。另外，根据工作需要，还应设置若干备查簿，以反映一些特殊的、不能在正规账簿进行反映的经济事项。

（3）会计账簿登记错误

会计账簿登记错误主要包括以下几个方面的内容：

- 登记会计账簿的方式不合理。在实际中存在所采用的核算形式、登记总账的依据不合理、不能满足生产经营管理需要的问题。
- 会计账簿摘要不明晰。主要是摘要过于简略或表达不清，使人不能明白到底是什么业务。
- 会计账簿登记不及时。
- 会计账簿中书写的文字和数字不规范。
- 登记会计账簿所用墨水不符合要求。
- 登记中发生跳行、隔页的情况，未按规定进行处理。
- 未按规定结出账簿中账户的余额。

（4）会计账簿结账错误

- 无据记账、凭空记账或伪造会计凭证。即会计账簿不是根据经审核无误的原始凭证填制记账凭证逐笔登记的，而是依据凭空捏造出来的、没有合法原始凭证的经济业务事项或伪造会计凭证登记的。
- 涂改、销毁、遗失、损坏会计账簿。如用类似涂改凭证的方法来篡改有关会计账簿，有的则人为制造事故，造成会计账簿不慎被毁的假相，从而将不法行为掩盖于一般的过失当中，使查账人员的线索中断。

- 设置账外账。在依法设置的会计账簿之外，再建立第二套或第三套账，用于内部管理或应付外部需要。

- 登账作假。就是不按照记账凭证的内容和要求记账，而是随意改动业务内容，或故意使用错误账户，使借贷方科目弄错，混淆业务应有的对应关系，以掩饰其违法乱纪的意图。

- 挂账作假。就是利用往来科目和结算科目，将经济业务不结清到位，而是挂在账上，或将有关资金款项挂在往来账上，等待时机成熟再调回到有关科目中，以达到"缓冲"或隐藏事实真相之目的。

- 改账作假。就是对会计账簿记录中发生的错误不按照规定的改错办法进行更正，如利用红字改变库存数、冲销材料成本差异数、无据减少销售数额等，以达到其违法乱纪之目的。

- 结账作假。就是在结账及编制报表的过程中，通过提前或推迟结账、虚增或虚减、空转等手法故意多加或减少数据，虚列账面金额，或者为了人为地把账做平，而故意调节账面数据，以达到掩饰舞弊的目的。

提醒您

防止货币资金差错和舞弊的主要措施包括：岗位牵制，及时记账，取得真实合法的票据，尽量采用转账方式结算，及时盘点和对账，定期进行内部审计。

利用计算机的舞弊行为有哪些

随着会计电算化的普及，计算机舞弊也日益增多，主要表现形式有在系统程序中设置陷阱、篡改程序、篡改输入、篡改文件和非法操作等。

案例 1

某基金会会计从 1995 年至 2003 年 1 月贪污、挪用公款 2.2 亿元。该会计舞弊的手段主要有：伪造给下属单位或资助单位拨款的进账单做账，贪污公款；将正常下拨的项目经费单据涂改，截留部分公款；将因收款单位银行账号错误被退回的项目经费，直接开汇款单贪污。检察院发现，该单位财务管理混乱，没有内部会计控制制度，单位对会计机构、会计负责人以及会计人员、会计岗位之间缺乏有效监督。会计机构负责人也被以玩忽职守罪提起公诉。请问：此案涉及哪些会计舞弊行为？

案例分析

该会计舞弊行为涉及以下几方面内容：

（1）无据记账、凭空记账或伪造会计凭证。即会计账簿不是根据经审核无误的原始凭证填制记账凭证逐笔登记的，而是依据凭空捏造出来的、没有合法原始凭证的经济业务事项或伪造会计凭证登记的。

（2）涂改、销毁、遗失、损坏会计账簿。如用类似涂改凭证的方法来篡改有关会计账簿，有的则人为制造事故，造成会计账簿不慎被毁的假相，从而将不法行为掩盖于一般的过失当中，达到贪污公款的目的。

（3）改账作假。就是对会计账簿记录中发生的错误不按照规定的改错办法进行更正，如利用红字改变库存数、冲销材料成本差异数、无据减少销售数额等，以达到其违法乱纪之目的。

（4）银行存款账单不符。

6.1.4 会计舞弊

会计舞弊是指会计人员怀有不良企图或在其他人员指使下采用伪造、变造、隐匿、销毁等非法手段进行恶意会计处理，为窃取单位资金、财产，或骗取其他单位和个人资金、财产，或为达到其他个人目的而采取的不法行为。如上市公司粉饰资产和经营业绩，提供虚假会计信息，达到增股、扩股、提高股票价格的行为；国有企业粉饰资产和经营业绩，多发工资奖金，获得各种荣誉的行为；其他企业掩饰资产和经营业绩的行为。

1. 现金收支业务的会计舞弊

（1）贪污

少列现金收入总额或多列现金支出总额，导致企业现金日记账面余额减少，从而将多余的库存现金占为己有。

🡒 涂改发票或收据上的金额，将收入的金额改小，将支出的金额改大，从而将多余的现金占为己有。

🡒 换用"现金"和"银行存款"科目，会计人员可能将收到的现金收入不入现金账，而是虚列银行存款账，从而侵吞现金。也可将实际用现金支付的业务，记入银行存款科目，从而将该部分现金占为己有。

🡒 发票或收据上下联不符，有的出纳人员以在复写纸下放置废纸的假复写手法，使现金发票或收据存根与收款方作记账用的记账联上的金额小于实际收到的金额以及付款方作记账用的记账联上的金额，由此贪污差额款。

🡒 侵吞未入账借款。会计人员与其他业务人员利用承办借现金事项的工作便利条件和内部控制制度上的漏洞，对借入的款项不入账，并销毁借据存根，从而侵吞现金。

🡒 虚列凭证，虚构内容，通过改动凭证，或直接虚列支出，如工资、补贴等，将报销的现金据为己有。

提醒您

　　货币资金监督检查的内容主要包括：相关岗位及人员的设置，货币资金授权批准制度的执行情况，支付款项印章的保管情况，票据的保管情况。

（2）挪用现金

　　挪用现金是有关当事人利用职务之便或未经单位领导批准，在一定时间内将公款私用的一种舞弊行为。其主要手法有：

🡒 利用现金日记账与现金总账登记的时间差，挪用现金。

🡒 利用预支或借款等方式挪用现金。

🡒 延迟入账，挪用现金。

🡒 循环入账，挪用现金。

🡒 白条抵库，挪用现金。

提醒您

现金业务会计舞弊审查的主要目标包括：确定企业资产负债表上所列的现金在会计报表日确实存在，并为企业所拥有；确定企业在特定期间内发生的现金业务均已记录完毕，没有遗漏；确定库存现金余额是正确的；确定现金在会计报表上的披露是恰当的。

2. 银行存款收付业务的会计舞弊

银行存款收付业务的会计舞弊包括：

- 余额差错。会计人员故意算错银行存款日记账的余额，来掩饰利用转账支票套购商品或擅自提现等行为。

- 擅自提现。出纳人员利用职务之便私自签发现金支票后，提取现金，不留存根不记账，从而将提取的现金占为己有。

- 混用"现金"和"银行存款"科目。将现金收支业务与银行存款收支业务混同起来编制记账凭证，用银行存款的收入代替现金的收入，或用现金的支出代替银行存款的支出，从而套取现金并占为己有。

- 公款私存。将企业的公款转入私人的银行户头，从而侵吞利息或挪用企业资金。

- 出借转账支票。出纳人员将转账支票借给他人用于私人营利性业务结算，或将空白转账支票为他人做买卖充当抵押。

- 转账套现。出纳人员为其他单位套取现金。

- 涂改银行对账单。

- 支票套物。会计人员利用工作之便擅自签发转账支票套购商品或物资，不留存根不记账，将所购商品据为己有。

- 提银留现。用现金支票提取现金时，只登记银行存款日记账，不登记现金日记账，从而将提取的现金占为己有。

- 漏记银行存款。出纳人员或会计人员故意漏记银行存款收入账，伺机转出、转存，占为己有。

- 重复登记银行存款的付款业务。

- 出借账户。

⊙ 涂改转账支票日期。

⊙ 套取利息。出纳或其他会计人员采取支取存款利息不记账的手法将利息占为己有。

⊙ 涂改银行存款进账单日期。

银行存款业务的其他舞弊行为有哪些

银行存款业务的其他舞弊行为有：

→ 不能及时、足额通过银行结算划回的银行存款。

→ 违反国家规定进行预收货款业务。

→ 开立"黑户"，截留存款。

→ 签发空头支票、空白支票，并由此给单位造成经济损失。

→ 银行存款账单不符。

提醒您

审查银行存款业务中错弊的方法为：编制银行存款业务的内部控制制度调查表；审查银行存款日记账；审查银行存款收付款凭证；询证期末银行存款余额；编制银行存款余额调节表。

案例 2

某研究所召开研讨会，规定参会人员每人交纳会议费 1 500 元。该单位负责人授意出纳人员，开票时将报销联撕下再加复写纸填写 1 500 元，撕下的报销联另加复写纸填写 2 000 元。

案例分析

因为出纳的行为是单位负责人授意下的主观故意，它形成了持票人多报销公款的事实。所以，这种行为是会计舞弊，不是会计差错。

对这种会计舞弊行为，应当追究单位负责人的责任；出纳人员虽有过失，但是在单位负责人授意下所产生的。因此，应当按照《会计法》第四十五条"授意、指使、强令会计机构、会计人员及其他人员伪造、变造会计凭证、会计账簿，编制虚假财务会计报告或者隐匿、故意销毁依法应当保管的会计凭证、会计账簿、财务会计报告，构成犯罪的，依法追究刑事责任；尚不构成犯罪的，可以处 5 000 元以上 5 万元以下的罚款；属于国家工作人员的，还应当由其所在单位或者有关单位依法给予降级、撤职、开除的行政处分"的规定，追究单位负责人的责任。

6.2　出纳错弊的查处与更正

【主题词】　错弊查处　更正

6.2.1　出纳查错的方法

查找错误的方法有很多，常用的有以下几种方法：

1．顺查法

顺查法，又称作正查法，是按照账务处理的顺序，从原始凭证、记账凭证、会计账簿、会计报表的顺序进行查找的一种方法。

首先，检查取得的原始凭证是否合法，各项内容的填写是否齐全、规范。

其次，检查填制的记账凭证确认的会计科目是否正确，各项内容是否规范。

再次，将原始凭证、记账凭证同有关会计账簿记录一笔一笔地进行核对，检查会计账簿记录是否正确。

最后，检查有关账户的发生额和余额是否正确，与编制的会计报表项目金额是否一致。

这种检查方法可以发现重记、漏记、错记科目及错记金额等。这种方法的优点是查找的范围大，不易遗漏；缺点是工作量大，需要的时间比较长。所以在实际工作中，一般是在采用其他方法查找不到错误的情况下采用这种方法。

2．逆查法

逆查法，又称作反查法，它与顺查法相反，是按照账务处理的顺序，从会计报表、会计账簿、记账凭证、原始凭证的顺序进行查找的一种方法。

首先，检查各有关会计账户的发生额和余额是否正确，与编制的会计报表项目金额是否一致。

其次，将有关账簿按照记录的顺序由后向前同有关记账凭证或原始凭证进行逐笔核对。

最后，检查有关记账凭证的填制是否正确，取得的原始凭证是否合法，各项内容的填写是否齐全、规范。

这种方法的优缺点与顺查法相同。

3．抽查法

抽查法，是对整个会计账簿记录抽取其中某部分进行局部检查的一种方法。当出现差错时，可根据具体情况分段、重点查找，将某一部分账簿记录同有关的记账凭证或原始凭证进行核对。如果存货的账实不符，就重点检查涉及存货的购入、领用、发出、结存的业务，对其他业务可以不查；还可以根据差错发生的位数有针对性地查找，如果差错是角、分位时，只要查找元以下尾数即可，其他的位数就不用逐项或逐笔地查找了。

这种方法的优点是范围小，可以节省时间，减少工作量。

4．偶合法

偶合法，就是根据账簿差错常见的规律，推测与差错有关的记录从而进行查找的一种方法。这种方法主要适用于漏记、重记、错记的查找。

（1）漏记的查找

➲ 总账一方漏记。在试算平衡时，借贷双方发生额不平衡，出现差错。在总账与明细账核对时，发现某一总账所属明细账的借（或贷）方发生额合计数大于总账的借（或贷）方发生额，即出现一个差额，这两个差额正好相等。而且在总账与明细账中有与这个差额相等的发生额，这说明总账有一方的借（或贷）金额漏记。借（或贷）方哪一方的数额小，漏记就在哪一方。

➲ 明细账一方漏记。在总账与明细账核对时可以发现。总账已经试算平衡，但在进行总账与明细账核对时，发现某一总账借（或贷）方发生额大于其所属各明细账借（或贷）发生额之和，说明明细账有一方可能漏记，可对该明细账的有关凭证进行查对。

➲ 如果整张的记账凭证漏记，则没有明显的错误特征，只有通过顺查法或逆查法逐笔查找。

（2）重记的查找

🔄 总账一方重记。在试算平衡时，借贷双方发生额不平衡，出现差错；在总账与明细账核对时，发现某一总账所属明细账的借（或贷）方发生额合计数小于该总账的借（或贷）方发生额，这两个差额正好相等，而且总账与明细账中有与这个差额相等的发生额记录，说明总账借（或贷）方重记。借（或贷）方哪一方的数额大，重记就在哪一方。

🔄 明细账一方重记。在总账与明细账核对时可以发现。总账已经试算平衡，与明细账核对时，某一总账借（或贷）方发生额小于其所属明细账借（或贷）方发生额之和，则可能是明细账一方重记，可对与该明细账有关的记账凭证查对。

🔄 如果整张的记账凭证重记，则没有明显的错误特征，只能用顺查法或逆查法逐笔查找。

（3）记反账的查找

记反账，是指在记账时把发生额的方向弄错，将借方发生额记入贷方，或者将贷方发生额记入借方。

🔄 总账一方记反账，则在试算平衡时发现借贷双方发生不平衡，出现差额。这个差额是偶数，能被 2 整除，所得的商数则在账簿上有记录。如果借方大于贷方，则说明将贷方错记为借方；反之，则说明将借方错记为贷方。

🔄 如果明细账记反了，而总账记录正确，则总账发生额试算是正确的，可用总账与明细账核对的方法查找。

提醒您

审查现金收付款凭证的主要内容为：凭证的内容是否完整；凭证的计算是否正确；凭证本身是否合法合规；凭证所反映的经济业务是否真实；凭证编制是否正确。

（4）错记账的查找

在实际工作中，错记账是指把数字写错，常见的有两种：

- 数字错位。应记的位数不是前移就是后移，即"大记小"或"小记大"。如果是"大记小"，在试算平衡或者总账与明细账核对时，正确数字与错误数字的差额是一个正数，这个差额除以 9 后所得的商与账上错误的数额正好相等。查账时如果差额能够除以 9，所得商恰好是账上的数，可能就是这个数记错了位。如果是"小记大"，在试算平衡或者总账与明细账核对时，正确数与错误数的差额是一个负数，这个差额除以 9 后所得商数再乘以 10，得到的绝对数与账上错误数恰好相等，可能就是这个数记错了位。

- 错记。错记是在登记账簿过程中的数字误写。对于错记的查找，根据因错记而形成的差数，分别确定查找方法，查找时不仅要查找发生额，同时也要查找余额。

出纳发现错误应采取什么措施

在日常的出纳核算中，发生差错的现象时有发生。如果发现错误，采取的措施有：

- 确认错误的金额；
- 确认错在借方还是贷方；
- 根据产生差错的具体情况，分析可能产生差错的原因，采取相应的查找方法，便于缩短查找差错的时间，减少查账工作量。

6.2.2　出纳差错的更正

1. 原始凭证的更正

- 原始凭证（包括外来原始凭证和自制原始凭证）记载的各项内容均不得涂改。
- 原始凭证有错误的，应当由出具单位重开或者更正，更正处应当加盖出具单位印章。
- 原始凭证金额有错误的，应当由出具单位重开，不得在原始凭证上更正。

2. 记账凭证的更正

🔄 记账凭证各项内容填制有错误的，不得涂改，应当重新填写。

🔄 记账凭证各项内容填写不齐全的，应当补齐。

🔄 记账凭证填写完毕，有关会计人员必须在规定位置上加盖人名章。

3. 会计账簿的更正

出纳人员在登记现金、银行存款日记账的过程中，有时可能会因为收、付款凭证有错而发生登账错误，或者会计凭证本身没错而是由于出纳人员在登账时粗心造成现金、银行存款日记账登记错误。如果发现现金、银行存款日记账上有错，一经查找出就应立即更正。

出纳人员应按照有关规定正确地进行更正，不得用涂改、挖补、刮擦或用消字液消除字迹等方法进行更正。常用更正错误方法主要有以下三种：

（1）划线更正法

划线更正法，又称红线更正法。在登记会计账簿过程中，如发现文字或数字记错时，可采用划线更正法进行更正。即先在错误的文字、数字上划一条红线，然后在划线上方填写正确的记录。在划线时，如果是文字错误，可只划销错误部分；如果是数字错误，应将全部数字划销，不得只划销错误数字。更正后，由经办的会计人员和会计机构负责人或会计主管人员在划线更正处盖章。

（2）红字更正法

🔄 结账后发现记账凭证中的会计科目错误或者借贷方向错误，导致会计账簿记录错误，在这种情况下使用红字更正法。具体做法是：先用红字填制一张与原错误完全相同的记账凭证，据以用红字登记入账，冲销原有的错误记录；同时再用蓝字填制一张正确的记账凭证，注明"订正××年××月××号凭证"，据以登记入账，这样就把原来的差错更正过来。应用红字更正法是为了正确反映账簿中的发生额和科目对应关系。

🔄 结账后发现记账凭证中的会计科目和借贷方向正确，但所记金额大于应记金额，导致会计账簿记录错误，在这种情况下使用红字更正法。具体做法是：将多记金额用红字填写一张与原凭证相同的记账凭证，在账簿摘要栏注明"更正××年××月××号凭证多记金额"，并据以用红字金额登记入账，冲销多记的金额。

（3）补充登记法

根据记账凭证记账并结账以后，发现记账凭证中应借、应贷会计科目或记账方向都没有错误，只是所记金额小于正确的金额，导致会计账簿记录错误。更正时，将少记数额填制一张与原凭证相同的记账凭证，在摘要栏注明"补充××年××月××日××号凭证少记金额"，据以登记入账，补记少记的金额。

4．会计报表的更正

单位编制的会计报表在未报出前发现有错误的，应根据核实后的总账发生额及余额重新计算编制会计报表。

单位编制的会计报表在报出后发现有错误的，可以根据核实后的总账发生额及余额重新计算编制会计报表，向有关会计报表使用者报送新的会计报表，并追回错误的会计报表。

如果单位的会计报表已经注册会计师审计，错误会计报表无法追回时，应按《企业会计准则——资产负债表日后事项》的有关规定进行更正。

6.2.3　如何查证会计舞弊

1．会计舞弊的检查

（1）会计凭证舞弊的检查

审阅或重点抽查一部分会计凭证，看其在数字书写上是否符合规定，如有不符合规范之处，应对其进一步查证。若是一般性会计错误，通过有关当事人调查询问便可查证；若是会计舞弊，还应通过账证、证证、账实等方面的核对，对有关问题进行鉴定、分析来查证问题。如对于在数字前后添加数字进行贪污问题，就需要对所发现的有添加数字的痕迹进行技术鉴定，从而查证问题。

如果会计凭证不编号，则会计舞弊的机会可能性会加大。如果会计凭证有编号，则查弊的切入点便在于会计凭证编号的连续性，若凭证号码不连续，则应据此进行深入调查。

（2）会计账簿舞弊的检查

对于账簿启用问题，查证只要审阅被检查单位每个账簿中扉页记录内容和账簿中所有账页数编写情况，便可发现问题或疑点。对于会计账簿登记中的错弊，按照下列方法查证：

- 查阅会计账簿的登记内容，检查其有无不按规定登记问题，如登记账簿时使用的笔墨是否正确，登记账簿有无跳行、隔页的情况。
- 检查登账人在账簿上留下的记账标志和相关签章，明确会计责任，查找遗留问题。
- 核对账簿记录，检查账簿是否根据审核无误的会计凭证登记，有无账证不符问题。

（3）会计报表舞弊的检查

对于会计报表编制的舞弊，可按以下几种方法进行查证：

- 核对会计报表与会计账簿中的对应数字，检查数据真实性。
- 对利润表中的各个指标进行复核性计算，以评价其准确性。
- 审阅报表附注，分析会计报表内容是否完整。

2. 查证企业在销售环节中的内部控制

- 企业销售商品或提供劳务后，将债权转入应收账款的批准程序。
- 为购货方代垫费用支付现金或银行存款的批准程序。
- 与购货方对账制度及对账单签发手续等。

3. 查证有关销货发票

了解有无销售折扣与折让情况，看其与"应收账款"、"主营业务收入"等账户记录是否一致，以弄清是否存在以净价法入账而导致应收账款入账金额不实等问题。

4. 查证应收账款平均余额

分析应收账款账龄，计算应收账款周转率，并同该行业平均周转率比较，看是否存在周转太慢、回收期过长的问题，并进一步调查是否因款项收回后挂账或私分所致。

5. 查阅明细账及会计凭证

看是否存在列作应收账款的经济业务事项不真实、不合理、不合法的情况。其线索或疑点主要表现在以下几个方面：

 反映在"主营业务收入"和"应收账款"账户中的虚假金额，与正常的经济业务事项金额比较可能表现为异常，如金额过大等。

 会计凭证可能只有记账凭证，没有原始凭证；或虽有原始凭证，但内容不全、不真实等，表现为账证不符。

 所虚设的应收账款，可能只记入了"应收账款"总账，未虚设虚记明细账或未在其他明细账中虚记，表现为应收账款与所属明细账不相符。

 所虚设的应收账款，可能既记入了总账，也记入了虚设的明细账中。这样尽管总账与明细账是平衡的，但该单位所记录的这些内容与实际或与对方客户"应付账款"账上的对应内容不相符，表现为两个单位间的账账不符。

6. 查证企业备抵法运用是否正确

应运用审阅法、复核法检查被查单位坏账准备计提是否正确、合规，有无多提、少提或人为地调节利润水平的问题。

审阅"坏账准备"账户借方记录，以发现和查证有无发生坏账损失后多冲或少冲坏账准备，以此调节"应收账款"账户的内容，从而达到利用"应收账款"账户舞弊的目的。

根据发票、收据的号码不连续和调查询问所掌握的情况，审阅核对"坏账准备"账户的贷方记录内容，来查证收回已经核销的坏账未入账而将其私分或存入"小金库"的问题。

提醒您

《会计法》规定：会计机构、会计人员发现会计账簿记录与实物、款项及有关资料不相符的，按照国家统一的会计制度的规定有权自行处理的，应当及时处理；无权处理的，应当立即向单位负责人报告，请求查明原因，作出处理。

6.2.4 计算机舞弊的防范

1．计算机安全与犯罪的法制建设

要建立计算机系统本身安全的保护法律，使计算机安全措施法律化、制度化、规范化。建立针对计算机犯罪活动的法律，惩治违法者，保护受害者。

2．建立健全有效的内部控制系统

使用计算机进行数据处理的单位，都应建立和健全电子数据处理内部控制系统。

完善的内部控制系统应具有有效的一般控制和应用控制措施。一般控制的重点是对系统的接触控制和程序控制；应用控制的重点是输入控制。

3．发挥审计的作用

审计人员通过开展计算机系统的事前审计，对内部控制系统的完善性、可审性及合法性作出评价，保证系统运行后数据处理的真实、准确，防止和减少舞弊行为的发生。通过定期的对计算机内部控制系统的审查与评价，促进单位加强和完善内部控制。通过对计算机系统的事后审计，对系统的处理实施有效的监督。

4．加强技术性防范

技术性自我保护是发现和预防计算机舞弊的有效措施。设置专门的安全控制程序，如对账目或重要文件采用读写保护或编码时间锁定，对被保护数据资源的存取操作进行详细记录和跟踪检测。

5．提高人员素质

加强职业道德教育，明确职责，提高计算机系统操作人员的素质，对预防计算机舞弊事件的发生有积极的作用。

会计电算化的广泛应用，给单位财务管理带来了便利，同时也给财务人员提出了一个新的要求，即不仅应当具备丰富的理财知识，还必须具备一定的计算机应用知识。

6.2.5 会计账簿检查方法

对账簿分析检查的具体方法有多种形式，如图6-2所示。

图6-2 会计账簿检查方法

1．复核法

复核法是对会计账簿的记录及合计进行重复的验算，以证实会计记录计算的准确性。

2．审阅法

审阅法是以国家的方针、政策、法令、制度、规定作为依据，检查分析有关账簿资料的真实性、合法性和合规性，视其有无差错、疑点和弊端。审阅法的适用性较广，在查账工作中经常运用。该方法的运用成功与否在较大程度上取决于查账人员自身的观察能力、分析能力、判断能力和经验水平。

3．核对法

核对法是对账簿记录（包括相关资料）中具体对应关系的两处以上的同一数据或金额进行对照，以便查明账账、账证、账实、账表是否相符，达到证实账簿记录是否正确，有无错账、漏账、重账，揭露营私舞弊、违法乱纪行为的目的。

如何运用核对法分析检查

运用核对法分析检查的方法有：
- ➡ 核对凭证与账簿记录、账簿与账簿记录（总账与明细账）、账与报表记录、账与卡、账与实之间的数额是否相符。
- ➡ 核对总分类账借方余额账户的合计数同贷方余额账户的合计数是否相符。

> ➜ 核对账外账单，如银行对账单、客户往来清单等，同本单位有关账目的数据是否相符。
> ➜ 核对原定的预算、指标、定额等同实际用以考核的预算、指标、定额是否相符。
> ➜ 核对生产记录、发货托运记录、原材料消耗记录、产成品入库记录、废次品记录、考勤记录等同相应的账簿记录所反映的内容、数额是否相等。
> ➜ 核对销售合同、外加工合同、联营合同等所记载的内容与金额同有关账簿记录所反映的内容、金额是否相符。

4. 核实法

核实法是核对法的特例，指将账簿资料与实际情况进行对照，用以验证账实之间是否相符，并取得书面证据的一种方法。

核实法主要用以核对账户记录，并结合盘点方法所获取的实物证据，进行账簿资料与现实物资之间的对照。核实的重点是盘存类账户，如现金、原材料、燃料、产成品等，以及银行存款、其他货币资金、应收、应付、暂收、暂付等内容。

5. 调节法

调节法是为检查账簿某些业务，事先对其中某些因素进行增减调节，以使其相关可比的一种查账方法。因为在被查单位各类账簿中记录着各种业务，由于其记录业务的角度和方式不同，账簿与账簿之间、业务与业务之间可能存在着差异，有时不具有可比性。另外，查账人员检查账簿的时点与被查单位做账的时点不同，两者面对的资料数据也可能存在差异，这些都影响着账项的比较查对，因此需要采用调节法对此进行处理，以使其对口且具有可比性。

 本章牢记要点

➥ 注意错款、失款及差错产生的原因。

➥ 注意出纳差错与会计舞弊的根本区别，主要是看出纳人员是否存在作弊的主观故意或不良企图。

➥ 注意出纳差错常用的检查方法如何使用。

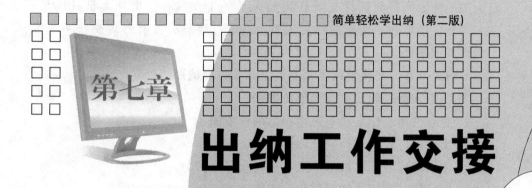

第七章

出纳工作交接

7.1　出纳交接的原因

【主题词】　出纳交接　出纳交接的原因

出纳交接，是指企业的出纳人员在调动或离职时，由离任的出纳人员将有关的工作和资料票证移交继任出纳人员的工作过程。出纳人员凡因故调动、离职、请假前，均应向接替人员办理交接手续，没有办理交接手续的，不得调动或离任。

出纳人员办理交接手续主要有以下几个方面的原因：

- ➲ 出纳人员辞职或离开原单位的。
- ➲ 企业内部工作变动不再承担出纳任务的。
- ➲ 出纳岗位轮岗调换会计岗位的。
- ➲ 出纳岗位内部增加工作人员进行重新分工的。
- ➲ 因病假、事假或临时调用，不能继续从事出纳工作的。
- ➲ 因特殊情况如停职审查等按规定不宜继续从事出纳工作的。
- ➲ 企业因其他情况按规定应办理出纳交接工作的，如企业解散、破产、兼并、合并、分立等情况发生时，出纳人员应向接收单位或清算组移交的。

7.2　出纳交接的内容

【主题词】　出纳交接　交接内容

出纳交接的具体内容根据各单位的具体情况而定，情况不一样，移交的内容也不一样。但总体来看，出纳的交接主要包括以下一些基本内容，如图 7-1 所示。

图 7-1　出纳交接内容

提醒您

《会计基础工作规范》规定：移交人员在办理移交时，要按移交清册逐项移交；接替人员要逐项核对点收。现金、有价证券要根据会计账簿有关记录进行点交。库存现金、有价证券必须与会计账簿记录保持一致。不一致时，移交人员必须限期查清。

1. 会计资料及印章

➡ 会计凭证（原始凭证、记账凭证）。

➡ 会计账簿（现金日记账、银行存款日记账等）。

➡ 相关报表（出纳报告等）。

➡ 现金、银行存款、有价证券和其他一切公有物品。

➡ 用于银行结算的各种票据、票证、支票簿等。

➡ 各种发票、收款收据。包括空白发票、空白收据、已用或作废的发票或收据的存根联等。

➡ 印章，包括财务专用章、银行预留印鉴以及"现金收讫"、"现金付讫"、"银行收讫"、"银行付讫"等业务专用章。

➡ 各种文件资料和其他业务资料，如银行对账单，应由出纳人员保管的合同、协议等。

提醒您

会计法规定，各单位对会计凭证、会计账簿、财务会计报告和其他会计资料应当建立档案，妥善保管。

2. 财产与物资

➡ 办公室、办公桌与保险工具的钥匙，各种保密号码。

➡ 本部门保管的各种档案资料和公用会计工具、器具等。

3．电算化资料

实行会计电算化的单位，还应包括以下内容：

- 会计软件。
- 密码、磁盘、磁带等有关电算化的资料、实物。

4．业务介绍

- 原出纳人员工作职责和工作范围的介绍。
- 每期固定办理业务的介绍，如按期交纳电费、水费、电话费的时间等。
- 复杂业务的具体说明，如交纳电话费的号码、台数等，银行账户的开户地址、联系人等。
- 历史遗留问题的说明。
- 其他需要说明、经办未了的业务事项。

 案例 1

某公司有会计和出纳各 1 人。该出纳人员因个人原因，于 6 月底结账后辞职。该公司于 7 月中旬招聘 1 名出纳人员接替已辞职出纳人员的工作。2名出纳人员之间没有见面进行出纳工作交接。

第二年初，该公司在接受会计信息质量检查中发现，银行存款日记账登记中存在严重失误，导致会计信息出现重大漏报。该公司单位负责人将过错全部推给已辞职的出纳人员，希望追究该出纳人员责任，而免除公司责任。

请你根据有关法律法规的规定，提出处罚意见。

案例分析

《会计法》第四十一条规定：会计人员调动工作或者离职，必须与接管人员办清交接手续。一般会计人员办理交接手续，由会计机构负责人（会计主管人员）监交；会计机构负责人（会计主管人员）办理交接手续，由单位负责人监交，必要时主管单位可以派人会同监交。

该公司出纳人员辞职未办理交接手续，造成会计信息质量出现重大问题，责任应当由单位负责人承担。该公司会计人员未履行监交职责，也应承担相应责任。按照《会计法》第四十二条规定，给予单位警告，并处 3 000元以上 5 万元以下的罚款；对单位负责人和有关会计人员处 2 000 元以上 2

万元以下的罚款。

7.3　出纳交接的程序

【主题词】　出纳交接　交接程序

7.3.1　一般情况下的出纳工作交接

出纳交接工作分为准备阶段、交接阶段和结束阶段三个部分。

1．准备阶段

出纳交接涉及各种出纳资料、出纳物品，甚至还涉及出纳资料所反映的经济活动。为了保证移交工作的顺利进行，出纳人员在办理移交手续前，必须做好充分的准备工作。首先，要及时地将未了的出纳事项办理完毕；其次，要将整理好的各种出纳资料、物品编制移交清册。

《会计基础工作规范》对出纳交接的准备工作作了什么规定

《会计基础工作规范》规定：

→ 已经受理的经济业务事项尚未填制会计凭证的，应当填写完毕。

→ 尚未登记的账目，应当登记完毕，并在最后一笔余额后加盖经办人员印章。

→ 整理应该移交的各项资料，对未了事项写出书面材料。

→ 编制移交清册，列明应交的会计凭证、会计账簿、会计报表、印章、现金、有价证券、支票簿、发票、文件、其他会计资料和物品等内容；实行会计电算化的单位，从事该项工作的移交人员还应当在编制移交清册中列明会计软件及密码、会计软件数据磁盘（磁带等）及有关资料、实物等内容。

2．交接阶段

在做好准备工作后的交接阶段，交接双方要严格按照规范中规定的移交的内容和方法完成交接的每一项工作，以保证移交的各种会计资料合法、真实及物品的完整。

（1）监交

办理出纳工作交接的一项重要的制度，是由专门的人员负责监督交接工作中出纳人员的交接手续，即监交。

《会计基础工作规范》明确规定："会计人员办理交接手续，必须有监交人员负责监交。"监交具体规定如下：

- 一般会计人员交接，由单位会计机构负责人、会计主管人员负责监交；
- 会计机构负责人、会计主管人员交接，由单位领导人监交，必要时可由上级主管部门派人会同监交。

提醒您

会计机构负责人、会计主管人员移交时，还必须将全部财务会计工作、重大财务收支和会计人员的情况等，向接替人员详细介绍。对需要移交的遗留问题，应当写出书面资料。

（2）移交的内容和方法

《会计基础工作规范》规定：会计人员办理移交时，要按移交清册逐项移交；接替人员要逐项清点。不同的会计资料及物品，要按照下列规定办理：

- 现金、有价证券要根据会计账簿的有关记录进行点交。库存现金、有价证券必须与会计账簿记录保持一致。不一致时，移交人员必须限期查清。
- 会计凭证、会计账簿、会计报表和其他会计资料必须完整无缺。如有短缺，必须查清原因，并在移交清册中注明，由移交人员负责。
- 银行存款账户余额要与银行对账单核对，如不一致，应当编制银行存款余额调节表调节相符；各种财产物资和债权债务的明细账余额要与总账有关账户余额核对相符；必要时，要抽查个别账户的余额，与实物核对相符，或者与往来单位、个人核对清楚。
- 移交人员的票据、印章和其他实物，必须交接清楚；移交人员从事会计电算化工作的，要对有关电子数据在实际操作状态下进行交接。

3．结束阶段

交接工作完毕后，为了明确责任，交接双方和监交人员要在移交清册上签名或者盖章，并在移交清册上注明：单位名称，交接日期，交接双方和监交人员的职务、姓名，移交清册页数以及需要说明的问题和意见等。移交清册一般应当填制一式三份，交接双方各执一份，存档一份，以供备查。

7.3.2 特殊情况下的出纳工作交接

特殊情况下的出纳工作交接主要包括出纳人员临时离职、因病不能工作及单位分立、撤销、合并等情况下，出纳工作的接替、代理及办理清算等需要的交接手续。

1．临时交接

临时交接的特点是：出纳人员因某种特殊原因暂时离职及以后再恢复工作均应按照规定办理交接手续。

《会计基础工作规范》规定，会计人员临时离职或因病不能工作且需要接替或者代理的，会计机构负责人、会计主管人员或者单位领导人必须指定有关人员接替或者代理，并办理交接手续。

临时离职或因病不能工作的出纳人员恢复工作的，应当与接替者或者代理人员办理交接手续。

移交人员因病不能亲自办理移交的，经单位领导人批准，可由移交人员委托他人代办移交。

委托人对所移交的会计凭证、会计账簿、出纳报表、库存现金、有价证券和其他有关资料的合法性、真实性承担法律责任。

2．办理清算时的交接

单位因分立、撤销、合并等情况，需要办理清理工作。按照《会计基础工作规范》的规定，必须留有必要的会计人员会同有关人员办理清理工作，编制决算。未移交前，不得离职。接受单位和移交日期由主管部门确定。

案例 2

某公司出纳因病住院，暂时无法工作。财务科长考虑出纳不会长期休息，可以很快恢复工作，因此，在出纳住院期间临时指定一名会计人员代理出纳工作。出纳病愈出院，接替会计人员继续从事出纳工作。请问：这种做法违反了哪些规定？未办理出纳工作交接的责任应当由谁承担？

案例分析

这种做法违反了《会计法》第四十一条："会计人员调动工作或者离职，必须与接管人员办清交接手续。一般会计人员办理交接手续，由会计机构负责人（会计主管人员）监交；会计机构负责人（会计主管人员）办理交接手续，由单位负责人监交，必要时主管单位可以派人会同监交。"也违反了《会计基础工作规范》第三十三条："会计人员临时离职或因病不能工作且需要接替或者代理的，会计机构负责人、会计主管人员或者单位领导人必须指定有关人员接替或者代理，并办理交接手续。临时离职或因病不能工作的会计人员恢复工作的，应当与接替者或者代理人员办理交接手续。移交人员因病不能亲自办理移交的，经单位领导人批准，可由移交人员委托他人代办移交。委托人对所移交的会计凭证、会计账簿、会计报表和其他有关资料的合法性、真实性承担法律责任。"

由于出纳是一般会计人员，办理交接手续应由会计机构负责人（会计主管人员）监交。因此，未办理出纳工作交接的责任应当由该公司会计机构负责人承担。

☑ 本章牢记要点

- ➲ 出纳人员调动、离职或其他原因不能继续从事出纳工作时，必须办理交接手续。
- ➲ 出纳人员办理交接手续时，需要移交的内容主要包括：会计资料及印章、货币资金、其他财产与物资、业务介绍及未办结事项说明、电算化资料。

第八章

出纳其他知识

8.1 单位的基本知识

【主题词】 单位 知识

8.1.1 企 业

1. 企业的特征

企业是指依法设立的，以营利为目的，从事生产经营活动的独立核算的经济组织。一般情况下，企业有如下特征：

- 企业是社会经济组织。企业作为社会经济的一个重要组成部分，主要从事经济活动。它是一定人员和一定财产的一种组合形式。

- 企业是以营利为目的、从事生产经营活动的社会经济组织。企业从事生产经营活动是指创造社会财富和提供服务的活动；以营利为目的是指企业从事生产、经营或提供劳务都是为了获取利润。

- 企业是实行独立核算的社会经济组织。核算是对企业发生的经济业务事项进行确认、计量、记录、计算、报告的过程。实行独立核算是指企业根据市场需要自主经营、自负盈亏、自我发展，能够对经济业务事项做出全面反映和控制。

- 企业是依法设立的社会经济组织。企业通过依法设立，可以取得相应的法律地位。

小知识

企业按照其法律地位可分为两种，一种是法人企业，另一种是非法人企业。法人企业是指具有民事权利能力和民事行为能力，依法独立承担民事责任的经济组织。非法人企业则是指以自己名义从事生产、经营和提供服务活动，但不独立承担民事责任的经济组织。

企业按照资产的多少、经营能力的大小，可以分为不同的企业规模。我们习惯上按照大型企业、中型企业和小型企业进行划分。由于企业规模的划分缺乏非常科学的依据，特别是中小型企业的划分标准更难确定，因此，一般情况下，可以将中小型企业划分为一类，大型企业划分为一类。

2. 企业会计制度

（1）企业会计制度

为规范企业的会计核算，真实、完整地提供会计信息，财政部印发了《企业会计制度》（财会〔2000〕25号），自2001年1月1日起执行。

（2）小企业会计制度

为建立健全国家统一的会计制度，规范小企业的会计核算，财政部印发了《小企业会计制度》（财会〔2004〕2号），自2005年1月1日起在小企业范围内执行。《小企业会计制度》适用于在中华人民共和国境内设立的不对外筹集资金、经营规模较小的企业。

《小企业会计制度》中所称"不对外筹集资金、经营规模较小的企业"，是指不公开发行股票或债券，符合原国家经济贸易委员会、原国家发展计划委员会、财政部、国家统计局2003年制定的《中小企业标准暂行规定》（国经贸中小企〔2003〕143号）中界定标准的小企业，不包括以个人独资及合伙形式设立的小企业。

提醒您

《中小企业标准暂行规定》中的中小企业标准上限即为大企业标准的下限。

8.1.2　行政单位

行政单位是国家根据其统治意志，按照宪法和有关组织法规定设立的，依法享有并运用国家行政权，负责对国家各项行政事务进行组织、管理、监督和指挥的国家机关。包括国家权力机关、行政机关、司法机关、检察机关以及各级党的机关和人民团体。

行政单位会计是国家预算会计的组成部分，执行国家行政单位会计制度。

8.1.3　事业单位

事业单位是指不直接进行物资资料的生产和流通，不具有国家管理职能，直接或间接地为上层建筑、生产建设、社会公共事务和人民生活服务的单位。主要包括：科学、教育、文化、传媒、信息、卫生、体育等事业单位；气象、水利、环保、社会福利等公益事业单位；公证、法律服务、会计鉴证等服务事业单位。

事业单位会计是国家预算会计的组成部分，执行国家事业单位会计制度。

8.1.4　民间非营利组织

民间非营利组织是指不以营利为宗旨和目的，资源提供者不取得经济回报，也不享有所有权的单位。主要包括：依照国家法律、行政法规登记的社会团体、基金会、民办非企业单位和寺院、宫观、清真寺、教堂等。

民间非营利组织执行国家民间非营利组织会计制度。

8.2　书写规定及货币识别

【主题词】　书写规定　货币识别

8.2.1　出纳书写的规定

出纳办理现金和银行存款的收、付款业务，填写各种票据，填制收款、付款记账凭证，登记现金和银行存款日记账，结账，都离不开数字的书写。

（1）阿拉伯数字应当一个一个地写，不得连笔写。阿拉伯金额数字前面应当书写货币币种符号或者货币名称简写和币种符号。币种符号与阿拉伯金额数字之间不得留有空白。凡阿拉伯数字前写有币种符号的，数字后面不再写货币单位。如人民币 1 万元，应写为"￥10 000.00"。

（2）书写阿拉伯数字"0、6、8、9"时，"0"字一定要封口。书写"6"字时，一定要上出头。书写"7、9"字时，一定要下出头。

（3）所有以元为单位的阿拉伯数字，除表示单价等情况外，一律填写到角分；无角分的，角位和分位可写"00"，或者符号"—"；有角无分的，分位应当写"0"，不得用符号"—"代替。

（4）汉字大写数字金额如零、壹、贰、叁、肆、伍、陆、柒、捌、玖、拾、佰、仟、万、亿等，一律用正楷或者行书体书写，不得用0、一、二、三、四、五、六、七、八、九、十等简化字代替，不得任意自造简化字。大写金额数字到元或者角为止的，在"元"或者"角"字之后应当写"整"

字或者"正"字；大写金额数字有分的，"分"字后面不写"整"字或者"正"字。

（5）阿拉伯金额数字中间有"0"时，汉字大写金额要写"零"字；阿拉伯数字金额中间连续有几个"0"时，汉字大写金额中可以只写一个"零"字；阿拉伯金额数字元位是"0"，或者数字中间连续有几个"0"、元位也是"0"但角位不是"0"时，汉字大写金额可以只写一个"零"字，也可以不写"零"字。

提醒您

出纳填写票据、凭证，登记日记账，应当使用蓝黑墨水或者碳素墨水书写，不得使用圆珠笔（复写票据除外）或者铅笔书写。

（6）大写金额数字前未印有货币名称的，应当加填货币名称，货币名称与金额数字之间不得留有空白。如"人民币叁佰元正"。

（7）填写印刷有固定金额位数的会计凭证时，汉字大写数字前如有空位的，应当用"¥"符号封顶。

提醒您

《会计基础工作规范》规定，可以用红色墨水记账的内容包括：按照红字冲账的记账凭证，冲销错误记录；在不设借贷等栏的多栏式账页中，登记减少数；在三栏式账户的余额栏前，如未印明余额方向的，在余额栏内登记负数余额；根据国家统一会计制度的规定可以用红字登记的其他会计记录。

8.2.2　怎样识别人民币的真假

识别人民币的真假是出纳人员必须具备的基本功，出纳人员应当熟练地掌握这种技术，并经常练习，增加实际经验，特别是收到现金时一定要严格、认真、细致地进行检验，避免给单位或者个人造成不必要的损失。一般情况下，识别人民币的真假有四种方法：

（1）眼看

➡ 一看水印。可将钞票对着光源（阳光或灯光），看钞票上的水印轮廓线条是否清晰，人物面部是否平滑。

➡ 二看安全线。新版人民币都有一条清晰的安全线，安全线上有微缩文字。

➡ 三看图案和颜色。真人民币图案鲜明，花纹纹路精细清楚，颜色协调，印色精美，层次分明，光洁度好。

➡ 四看票面大小。真人民币制作精细，尺寸严格统一。

➡ 五看数码。真人民币的数码打印清晰，数字准确。

（2）手摸

用手揉摸钞票，真人民币纸张挺括，手感厚实，票面微涩，版纹深，有明显的凹凸感。

（3）耳听

人民币纸张是特制纸，结实挺括，较新钞票用手指弹动会发出清脆声响。假币纸质绵软，单薄发脆，手感薄软，容易折断，票面光滑，版纹浅，其文字、图案、花纹等均没有凹凸感，用力甩动假币，声音比较沉闷。

如果经过以上步骤仍不能准确断定真伪时，就需要利用比较精密的检测仪器进行测定，或由一些专门机构做进一步的技术鉴定，以得出最后结果。

（4）仪器测量、检测

出纳人员可以运用简单仪器进行荧光检测，检测情况大致如下：

➡ 检测纸张有无荧光反映，人民币纸张未经荧光漂白，在荧光灯下无荧光反映，纸张发暗。假币纸张多经过漂白，在荧光灯下有明显荧光反映，纸张发白发亮。

➡ 人民币有一两处荧光文字，呈淡黄色；假人民币的荧光文字光泽色彩不正，呈惨白色。

➡ 出纳人员还可以使用新型验钞机进行检验。

8.3 出纳如何报税

【主题词】 税务登记 税种规定 报税 缴税

8.3.1 如何办理税务登记

税务登记，是税务机关对纳税人的市场经营活动进行登记，并据此对纳税人实施纳税管理的一系列法定制度的总称。

1. 办理开业登记的时间

⊃ 从事生产、经营的纳税人应当自领取营业执照之日起30日内，主动依法向国家税务机关申报办理登记。

⊃ 按照规定不需要领取营业执照的纳税人，应当自有关部门批准之日起30日内或者自发生纳税义务之日起30日内，主动依法向主管国家税务机关申报办理税务登记。

2. 办理开业登记的地点

⊃ 纳税企业和事业单位向当地主管国家税务机关申报办理税务登记。

⊃ 纳税企业和事业单位跨县（市）、区设立的分支机构和从事生产经营的场所，除总机构向当地主管国家税务机关申报办理税务登记外，分支机构还应当向其所在地主管国家税务机关申报办理税务登记。

⊃ 有固定生产经营场所的个体工商业户向经营地主管国家税务机关申报办理税务登记；流动经营的个体工商户，向户籍所在地主管国家税务机关申报办理税务登记。

⊃ 对未领取营业执照从事承包、租赁经营的纳税人，向经营地主管国家税务机关申报办理税务登记。

3. 办理开业登记的手续

根据有关法律法规的规定，凡是经国家行政管理部门批准，从事生产经营的纳税人，必须申请办理税务登记。

（1）申报

纳税人必须提出书面申请报告，并提供下列有关证件、资料：

- 营业执照；
- 有关章程、合同、协议书；
- 银行账号证明；
- 法定代表人或业主居民身份证、护照或者回乡证等其他合法证件；
- 总机构所在地国家税务机关证明；
- 国家税务机关要求提供的其他有关证件、资料。

（2）填报税务登记表

纳税人领取税务登记表或者注册税务登记表后，应当按照规定内容逐项如实填写，并加盖企业印章，经法定代表人签字或业主签字后，将税务登记表或者注册税务登记表报送主管国家税务机关。

（3）领取税务登记证件

纳税人报送的税务登记表或者注册税务登记表和提供的有关证件、资料，经主管国家税务机关审核后，报有权国家税务机关批准予以登记的，应当按照规定的期限到主管国家税务机关领取税务登记证或者注册税务登记证及其副本，并按规定缴付工本管理费。

4. 变更税务登记的程序

变更税务登记的情况包括：
- 改变单位名称或法定代表人；
- 改变所有制性质、隶属关系或经营地址；
- 改变经营方式、经营范围、经营期限、开户银行及账号；
- 改变工商证照等。

变更税务登记应提供何种证件

变更税务登记时，纳税人应当自工商行政管理机关办理变更登记之日起 30 日内，持下列有关证件向原主管国家税务机关提出变更登记书面申请报告：

- 营业执照；
- 变更登记的有关证明文件；
- 国家税务机关发放的原税务登记证件（包括税务登记证及其副本、

税务登记表等）；

→ 其他有关证件。

纳税人按照规定不需要在工商行政管理机关办理注册登记的，应当自有关机关批准或者宣布变更之日起 30 日内，持有关证件向原主管国家税务机关提出变更登记书面申请报告。

5．注销税务登记的程序

纳税人发生破产、撤销、解散及依法应终止履行纳税义务的，应在申报办理注销工商登记前，先向主管税务机关办理注销税务登记；对于未在工商部门注册登记的，应在有关部门批准或宣告之日起 15 日内申报办理注销税务登记；对被吊销营业执照的纳税人，应自被吊销营业执照之日起 15 日内申报办理注销税务登记。

6．停业、复业登记

实行定期定额征收方式的纳税人在营业执照核准的经营期限内需要停业的，应向税务机关提出停业登记，说明停业的理由、时间、停业前的纳税情况和发票的领、用、存情况，并如实填写申请停业登记表。对于停业期满不能及时恢复生产经营的，应在停业期满前向税务机关提出延长停业登记。

纳税人应于恢复生产、经营之前，向税务机关提出复业登记申请，经确认后办理复业登记，领回或启用税务登记证件和发票领购簿及其领购的发票，恢复正常生产经营。

8.3.2　主要税种及规定

1．增值税

增值税是对在我国境内销售货物或者提供加工、修理修配劳务，以及进口货物的单位和个人，就其取得的货物或应税劳务的销售额，以及进口货物的金额计算税款，并实行税款抵扣制的一种流转税。

提醒您

我国从 2009 年 1 月 1 日起施行消费型的增值税，企业购购进固定资产支付的进项税额，可从销项税额中抵扣。

（1） **增值税税率**

纳税人销售或者进口货物，税率为 17%。

纳税人销售或者进口粮食、食用植物油、自来水、暖气、冷气、热水、煤气、石油液化气、天然气、沼气、居民用煤炭制品、图书、报纸、杂志、饲料、化肥、农药、农机、农膜和国务院规定的其他货物等，税率为 13%。

纳税人出口货物，税率为零；但是，国务院另有规定的除外。

纳税人提供加工、修理修配业务，税率为 17%。

（2） **应纳税额**

一般纳税人销售货物或者提供劳务，应纳税额为当期销项税额抵扣当期进项税额后的余额。当期销项税额小于当期进项税额不足抵扣时，其不足部分可以结转下期连续抵扣。

小规模纳税人销售货物或者应税劳务，实行按照销售额和征收率计算应纳税额的简易办法，并不得抵扣进项税额。计算公式为：

$$应纳税额 = 销售额 \times 征收率$$

（3） **准予抵扣的进项税额**

从销售方取得的增值税专用发票上注明的增值税额。

从海关取得的海关进口增值税专用缴款书上注明的增值税额。

购进农产品，除取得增值税专用发票或者海关进口增值税专用缴款书外，按照农产品收购发票或者发票上注明的农产品买价和 13% 的扣除率计算的进项税额。

购进或者销售货物以及在生产经营过程中支付运输费用的，按照运输费用结算单据上注明的运输费用金额和 7% 的扣除率计算的进项税额。

（4） **不准抵扣的进项税额**

用于非增值税应税项目、免征增值税项目、集体福利或者个人消费的购进货物或者应税劳务。

非正常损失的购进货物及相关的应税劳务。

非正常损失的在产品、产成品所耗用的购进货物或者应税劳务。

国务院财政、税务主管部门规定的纳税人自用消费品。

不准抵扣货物的运输费用和销售免税货物的运输费用。

（5）　免征增值税项目

农业生产者销售的自产农产品；避孕药品和用具；古旧图书；直接用于科学研究、科学试验和教学的进口仪器、设备；外国政府、国际组织无偿援助的进口物资和设备；由残疾人的组织直接进口供残疾人使用的物品；销售的自己使用过的物品。

除以上规定外，增值税的免税、减税项目由国务院规定。任何地区、部门均不得规定免税、减税项目。

2．消费税

消费税，是以特定消费品为课税对象所征收的一种税。

消费税的纳税地点，具体有以下几种情况：

提醒您

消费税纳税义务人，是在中华人民共和国境内生产、委托加工和进口规定的应税消费品的单位和个人。

- 纳税人销售的以及自产自用的应税消费品，除国家另有规定的外，应当向纳税人核算地主管税务机关申报纳税。
- 委托加工的应税消费品，由受托方向所在地主管税务机关解缴税款。
- 进口的应税消费品，由进口人或者其代理人向报关地海关申报纳税。
- 纳税人到外县（市）销售或委托外县（市）代销自产应税消费品，应于应税消费品销售后，回纳税人核算地所在地缴纳消费税。
- 纳税人的总、分机构不在同一县（市）的，应在生产消费品的分支机构所在地缴纳消费税。
- 纳税人销售的应税消费品，如因质量等原因由购买者退回时，经所在地主管税务机关审核批准后，可退还已征收的消费税款，但不能自行直接抵减应纳税款。

3．营业税

营业税，是对提供应税劳务、转让无形资产和销售不动产的行为课征的一种税。

我国现行营业税共设置了9个税目，并按行业、类别的不同规定了不同的比例税率，具体如下：

提醒您

营业税纳税义务人，是在中华人民共和国境内提供应税劳务、转让无形资产或者销售不动产的单位和个人。

（1）交通运输业

交通运输业包括陆路运输、水路运输、航空运输、管道运输和装卸搬运五大类，统一执行3%的税率。

（2）建筑业

建筑业是指建筑安装工程作业等，包括建筑、安装、修缮、装饰和其他工程作业等五项内容，统一执行3%的税率。

（3）娱乐业

娱乐业是指为娱乐活动提供场所和服务的业务，包括经营歌厅、舞厅、卡拉OK歌舞厅、音乐茶座、台球、高尔夫球、游艺场等娱乐场所，以及娱乐场所为顾客进行娱乐活动提供服务的业务。娱乐业执行5%~20%的幅度税率。对于电子游戏厅，按20%的税率征收营业税。

（4）服务业

服务业是指利用设备、工具、场所、信息或技能为社会提供服务的业务，包括代理业、旅店业、饮食业、旅游业、仓储业、租赁业、广告业和其他服务业，统一执行5%的税率。

（5）金融保险业

金融保险业是指经营金融、保险的业务。

金融是指经营货币资金融通活动的业务，包括贷款、融资租赁、金融商品转让、金融经纪业和其他金融业务。

保险是指将通过契约形式集中起来的资金，用以补偿被保险人的经济利益的活动。金融保险业统一执行8%的税率。

（6）邮电通信业

邮电通信业是指专门办理信息传递的业务，包括邮政、电信，统一执行

3%的税率。

（7）**文化体育业**

文化体育业包括文化业和体育业，统一执行3%的税率。

（8）**转让无形资产**

转让无形资产是指转让无形资产的所有权或使用权的行为，包括转让土地使用权、商标权、专利权、非专利技术、著作权和商誉。以无形资产投资入股并参与接受投资方的利润分配、共同承担风险的行为，不征收营业税。转让无形资产执行5%的税率。

（9）**销售不动产**

销售不动产是指有偿转让不动产所有权的行为，包括销售建筑物或构筑物和其他土地附着物。

以不动产投资入股并参与接受投资方的利润分配、共同承担风险的行为，不征收营业税。

单位将不动产无偿赠与他人，视同转让不动产征收营业税。

对个人无偿赠送不动产的行为，不征营业税。

营业税原则上采取属地征收的方法，即纳税人在经营行为发生地缴纳应纳税款。

哪些行为不征收营业税

根据财政部、国家税务总局有关规定，下列行为不征收营业税，行政事业单位和社会团体及民办非企业单位经财政部门批准后，可使用财政性票据：

➡ 单位收取的经财政部、国家税务总局或北京市财政局、北京市地方税务局下发不征收营业税的收费项目目录内的，中央及北京市纳入预算管理或财政专户管理的行政事业性收费、基金；

➡ 社会团体收取的会费收入；

➡ 以无形资产、不动产投资入股，参与接受投资方利润分配，共同承担投资风险的行为；

→ 以现金或银行存款形式，从投资方收取并作为实收资本进行核算的投资收入；

→ 从被投资方收取的股份红利；

→ 经税务机关批准在所得税前列支的同一法人范围内下属企业上缴的管理费；

→ 单位之间的资金拆借行为；

→ 单位取得的股权转让收入（股票销售业务除外）；

→ 单位在金融机构存款取得的利息收入；

→ 对土地所有者出让土地使用权和土地使用者将土地使用权归还给土地所有者的行为；

→ 单位接收社会捐赠收入；

→ 财政部、国家税务总局文件规定的其他不征收营业税的收入行为。

4．企业所得税

企业所得税，是指国家对境内企业生产、经营所得和其他所得依法征收的一种税。企业所得税的纳税义务人，是在中国境内企业和其他取得收入的组织。企业所得税的税率为25%。

小知识

企业分为居民企业和非居民企业。

居民企业，是指依法在中国境内成立，或者依照外国（地区）法律成立但实际管理机构在中国境内的企业。

非居民企业，是指依照外国（地区）法律成立且实际管理机构不在中国境内，但在中国境内设立机构、场所的，或者在中国境内未设立机构、场所，但有来源于中国境内所得的企业。

企业所得税由纳税人向其所在地，即实际经营管理地主管税务机关缴纳。企业登记注册地与实际经营管理地不一致的，以实际经营管理地为申报纳税所在地。税法规定的特殊情况除外。

5．印花税

印花税，是对经济活动和经济交往中书立、使用、领受具有法律效力的凭证的单位和个人征收的一种税。它是一种具有行为税性质的凭证税。

印花税的纳税义务人，是在中国境内书立、使用、领受印花税法所列举的凭证并依法履行纳税义务的单位和个人。

6．城市维护建设税

城市维护建设税，是国家对缴纳增值税、消费税、营业税的单位和个人就其实际缴纳的"三税"税额为依据而征收的一种税。城建税的纳税义务人，是指负有"三税"义务的单位和个人。在我国现行的城建税中，按纳税人所在地的不同，设置了三档差别比例税率：

提醒您

国家规定：对外商投资企业和外国企业不征收城建税。

- 纳税人所在地为市区的，税率为7%。
- 纳税人所在地为县城、镇的，税率为5%。
- 纳税人所在地不在市区、县城或镇的，税率为1%。

7．关税

关税，是国家对进出境货物、物品征收的一种税。关税的纳税义务人分为以下两种：

- 贸易性商品纳税人，即经营进出口货物的收发货人。
- 物品的纳税人。

8．个人所得税

个人所得税，是对个人（自然人）取得的各项应税所得征收的一种税。个人所得税根据不同的应税项目有不同的税率。

作为个人所得税扣缴义务人的单位，应按规定行使扣缴义务。

扣缴义务人在向个人支付下列所得时，应代扣代缴个人所得税：

- 工资、薪金所得；
- 个体工商户的生产、经营所得；

- 对企事业单位的承包经营、承租经营所得；
- 劳务报酬所得；
- 稿酬所得；
- 特许权使用费所得；
- 利息、股息、红利所得；
- 财产租赁所得；
- 财产转让所得；
- 偶然所得；
- 经国务院财政部门确定征税的其他所得。

9. 资源税

资源税，是对中国境内从事资源开发，因资源贮存和开发条件差异形成的级差收入征收的一种税。

我国目前对资源税采取从量定额的办法征收，实施"普遍征收，级差调节"的原则。税法规定：凡是资源税的纳税人，都应当向应税产品的开采或者生产所在地主管税务机关缴纳。资源税税目与金额如表 8 - 1 所示。

表 8 - 1　　　　　　　　　　　　资源税税目与金额

税　　　　目	单　　　　位	税额幅度
原油	元/吨	8 ~ 30 元
天然气	元/万立方米	20 ~ 150 元
煤炭	元/吨	0.3 ~ 5 元
其他非金属矿原矿	元/吨或立方米	0.5 ~ 20 元
黑色金属矿原矿	元/吨	2 ~ 30 元
有色金属矿原矿	元/吨	0.4 ~ 30 元
固体盐	元/吨	10 ~ 60 元
液体盐	元/吨	2 ~ 10 元

10. 城镇土地使用税

城镇土地使用税，是以城镇土地为征税对象，对拥有土地使用权的单位和个人征收的一种税。城镇土地使用税的征税范围，包括在城市、县城、建制镇和工矿区内的国家所有和集体所有的土地。

城镇土地使用税的纳税人是承担缴纳城镇土地使用税义务的所有单位和个人。

城镇土地使用税实行按年计算、分期缴纳的征收方法，具体纳税期限由省、自治区、直辖市人民政府确定。

11．房产税

房产税，是以房产为征税对象，依据房产价格或房产租金收入向房产所有人或经营人征收的一种税。

房产税的征税范围为城市、县城、建制镇和工矿区。我国现行房产税采用的是比例税率，具体有以下两种：

⮕ 从价计征。就是按房产计税余值，即按房产原值一次减除10%～30%后的余值计征，税率为1.2%。

⮕ 从租计征。就是按房产的租金收入计征，税率为12%。

房产税实行按年计算、分期缴纳的征收方法，具体纳税期限由省、自治区、直辖市人民政府确定。房产税在房产所在地缴纳。

12．土地增值税

土地增值税，是对转让国有土地使用权、地上建筑物及其附着物并取得收入的单位和个人，就其转让房地产所取得的增值额征收的一种税。土地增值税实行四级超率累进税率，具体如下：

提醒您

土地增值税的纳税人是转让国有土地使用权、地上建筑物及其附属物并取得收入的单位和个人。

⮕ 增值额未超过扣除项目金额50%的部分，税率为30%。

⮕ 增值额超过扣除项目金额50%，未超过扣除项目金额100%的部分，税率为40%。

⮕ 增值额超过扣除项目金额100%，未超过扣除项目金额200%的部分，税率为50%。

⮕ 增值额超过扣除项目金额200%的部分，税率为60%。

13．契税

契税，是以所有权发生转移变动的不动产为征税对象，向产权承受人征收的一种财产税。

契税实行3%～5%的幅度税率，其计税依据是不动产的价格。

契税的纳税义务发生时间为：纳税人在签订土地、房屋权属转移合同的当天，或者取得其他具有土地、房屋权属转移合同性质凭证的当天。纳税人应当自纳税义务发生之日起 10 日内，向土地房屋所在地的契税征收机关办理纳税申报。

8.3.3 如何纳税申报

纳税申报，是指纳税人在发生法定纳税义务后，按税法或税务机关规定的期限和内容向主管税务机关提交有关纳税书面报告的法律行为。

1. 办理纳税申报的对象

办理纳税申报的主体，即纳税申报的对象分为以下四种情况：

- 负有纳税义务的单位和个人，应在发生纳税义务后，按有关法律法规的规定如实向主管税务机关办理纳税申报。
- 取得临时应税收入或发生应税行为的纳税人，在发生纳税义务后，即向税务机关办理纳税申报和缴纳税款。
- 享有减、免税待遇的纳税人，在减、免税期间应按规定办理纳税申报。
- 扣缴义务人作为间接负纳税义务的单位和个人，必须按有关法律法规的规定报送代扣代缴、代收代缴税款报告表及税务机关要求扣缴义务人报送的其他有关资料。

2. 办理纳税申报的要求

（1）时间要求

《税收征收管理法》规定纳税人、扣缴义务人都必须按法定的期限办理纳税申报。各税种都规定了各自的纳税期限和申报期限。原则上是报缴期限的最后一天，如遇公休日可以顺延。

如遇不可抗力或财务会计处理上的特殊情况等原因，经税务机关核准，纳税人、扣缴义务人可以延期申报，但最长不得超过 3 个月，其税款应按上期或税务机关核定的税额预缴。

（2）内容要求

纳税申报的内容主要明确在各税种的纳税申报表和代扣代缴报告表内。

根据有关法律法规的规定，纳税申报的内容一般包括：税种、税目、应纳税项目或者应代扣代收项目，适用税率或单位税额，计税依据，扣除项目及标准，应纳税额或应代扣、代收税额，税款所属期限等。

　　纳税人在申报期内无论有无收入，都必须在规定的期限如实填报纳税申报表，并附送有关资料。

享受减、免税优惠的纳税人，在减、免期内如何进行纳税申报

享受减、免税优惠的纳税人，在减、免期内应按以下两部分进行纳税申报：

→ 按正常纳税年度进行申报，并据以计算应纳税额；

→ 按其享受税收优惠的待遇，依据税收优惠规定计算应纳税额。

（3）纳税申报的方法

🌀 自行申报，即纳税人或扣缴义务人按规定期限主动到主管税务机关办理纳税申报手续。

🌀 邮寄申报，即纳税人到税务机关办理纳税申报有困难的，经税务机关批准，可采用邮寄方式申报，该种申报以邮出地邮戳日期为实际申报日期。

🌀 代理申报，即纳税人或扣缴义务人委托代理人办理纳税申报或报送代扣（收）代缴税款报告表。

3．办理纳税申报的程序

（1）纳税人办理纳税申报的程序

🌀 按有关规定填写纳税申报表；

🌀 将纳税申报表和有关证件资料报送主管税务机关；

🌀 主管税务机关审核纳税申报表和有关证件资料；

🌀 主管税务机关填写有关征收凭证征收税款；

🌀 主管税务机关将纳税申报表和有关资料分类存入纳税档案。

（2）扣缴义务人办理纳税申报的程序

🌀 填写代扣代缴、代收税款报告表；

🌀 将代扣代缴、代收代缴款报告表和有关证件资料报送主管税务部门；

⤴ 主管税务机关审核代扣代缴、代收代缴税款报告表和有关证件资料；

⤴ 主管税务机关办理税款入库；

⤴ 主管税务机关将代扣代缴、代收代缴税款报告表和有关资料分类存入纳税人档案。

8.3.4　如何缴纳税款

1．税款缴纳方式

税款缴纳方式，具体如图 8 - 1 所示。

图 8 - 1　税款缴纳方式

（1）自核自缴

自核自缴，是指纳税人根据税法规定，自行计算应纳税款，自行填写税收缴款书，自行到指定银行交纳税款的一种纳税方式。对于采用自核自缴方式的单位，必须事先经过税务机关的审核批准，主管税务机关还要定期或不定期进行检查。

（2）查账征收

查账征收，是指税务机关按照纳税人提供的账表所反映的经营情况，依照适用税率计算缴纳税款的方式。该方式适用于账簿、凭证、会计核算制度比较健全，能够据以如实核算生产经营情况，正确计算应纳税款的纳税人。

（3）核定征收

核定征收，是指税务机关对不能完整、准确提供纳税资料的纳税人采用特定方法确定其应纳税收入或应纳税额，纳税人据以缴纳税款的一种征收方式。具体包括：

⤴ 查定征收。指由税务机关根据纳税人的从业人员、生产设备、采用原材料等因素，在正常生产经营条件下，对其产制的应税产品查实核定产量、销售额并据以征收税款的一种方式。适用于生产规模较小、账册不健全、产品零星、税源分散的小型厂矿和作坊。

🡢 查验征收。指税务机关对纳税人应税商品，通过查验数量，按市场一般销售单价计算其销售收入并据以征税的方式。适用城乡集贸市场的临时经营和机场、码头等场外经销商品的课税。

🡢 定期定额征收。指对一些营业额、所得额不能准确计算的小型工商户，经过自报评议，由税务机关核定一定时期的营业额和所得税附征率，实行多税种合并征收的一种征收方式。

（4）代扣代缴、代收代缴征收

🡢 代扣代缴，是指持有纳税人收入的单位和个人从持有的纳税收入中扣缴其应纳税款并向税务机关解缴的行为。

🡢 代收代缴征收，是指与纳税人有经济往来关系的单位和个人，借助经济往来关系向纳税人收取其应纳税款，并向税务机关解缴的行为。

这两种方式主要适用于税源零星分散、不易控制的纳税人。

2．税款缴纳程序

因征收方式不同，税款缴纳的程序也有所不同。税款缴纳的程序大致如下：

🡢 由纳税人直接向国家金库经收处（设在银行）缴纳税款。

🡢 国库经收处将收纳的税款，随同缴款书划转支金库。

🡢 纳税人缴纳税款后，税务机关必须给纳税人开具完税凭证。完税凭证是税务机关收取税款时的专用凭证，也是纳税人履行纳税义务的合法证明，其样式由国家税务总局统一制定。完税凭证的种类包括各种完税证、缴款书、印花税票及其他完税证明。

8.4　其他规定

【主题词】　发票管理　出纳凭证　空白收据　印章保管

8.4.1　税务发票管理制度

税务发票是在购销商品、提供或者接受劳务以及其他经济活动中，由收款单位开具的收款凭证。税务发票在社会主义市场经济活动中具有重要的作用，它是不同会计主体之间发生经济活动的书面证明，也是会计核算经济业务事项的原始凭证，还是核查经济活动是否合法、会计核算是否合规的档案依据。

税务发票管理工作由国家税务总局负责，发票的种类、联次、内容和使用范围都由国家税务总局规定。

1. 税务发票的格式

税务发票的基本联次为三联：

第一联为存根联，由开票方留存备查；

第二联为发票联，由付款方作为支付款项的原始凭证；

第三联为记账联，由开票方作为记账的原始凭证。

发票的基本格式如表8-2所示。

表8-2　　　　　　　　　　**××市销售商品专用发票**　　　　（04）**NO31022220**

发票联

客户名称：　　　　　　　　　支票号　　　　　　　　　　　京×税

编号	商品名称	规格	单位	数量	单价	金额								
						百	十	万	千	百	十	元	角	分
小写金额合计														
总计金额				佰	拾	万	仟	佰	拾	元	角	分		

开票单位（盖章）　　　　　　　开票人　　　　　　　年　月　日

2. 税务发票的印制

税务发票由省、自治区、直辖市税务机关指定的企业印制。禁止私自印制、伪造、编造发票。

3. 税务发票的领购

依法办理税务登记的各类单位和个人，在领取税务登记证件以后，可以向主管税务机关申请领购发票。

购票单位和个人在提出购票申请的时候，应当同时提供经办人身份证明、税务登记证件、财务印章或者税务发票专用章的印模，经主管税务机关审核后，发给发票领购簿。

购票单位和个人可以凭发票领购簿，核准购票的种类、数量和方式向主管税务机关领购发票。

4．税务发票的开具

一般情况下，销售商品、提供劳务以及从事其他经营活动的单位，对外发生经营业务收取款项时，均应向付款方开具发票；特殊情况下，即收购单位和扣缴义务人支付个人款项时，可以由付款方向收款方开具发票。付款方在取得收款方开具的发票时，不得要求变更品名和金额，故意造假。

税务发票开具应符合真实可靠、内容完整、数字准确、填制及时、书写清楚和顺序使用的要求。但应当注意的是发生销货退回以及退还货款时，必须填制退货发票，并附有退货验收证明和对方单位的收款收据，不得以退货发票代替收据。

开具发票应当按照规定的时限、顺序、逐栏、全部联次一次性（用复写纸或本身具备复写功能的纸）如实开具，并加盖单位财务印章或发票专用章。不符合规定的发票，不得作为财务报销凭证，任何单位和个人有权拒收。

使用电子计算机开具发票，须经主管税务机关批准，并使用税务机关统一监制的机外发票，开具后的存根联应当按照顺序号装订成册。

税务发票不得转借、转让、代开；未经税务机关批准不得拆本使用；不得自行扩大专业发票使用范围；禁止倒买倒卖发票。

5．税务发票的保管

开具发票的单位和个人应当建立发票使用登记制度，设置发票登记簿，并定期向主管税务机关报告发票使用情况。

税务发票的存放和保管应当按照税务机关的规定办理，不得擅自丢失和损毁。如果丢失发票，应在当天报告主管税务机关并通过报刊等传播媒介公告作废。

已经开具的发票存根联和发票登记簿应当保存 5 年，保存期满，报经税务机关查验后方可销毁。

6．税务发票的检查

税务机关在发票管理中可以检查企业领购、开具、取得和保管发票的情况，调出发票查验，查阅并可复制与发票有关的凭证、资料，可向当事各方询问与发票有关的问题和情况。

在查处发票案件的时候，对与发票案件有关的情况和资料，可以记录、录音、录像、照相和复制。

税务人员在发票检查时应出示税务检查证。

使用税务发票的单位和个人，应当接受税务机关依法检查，如实反映情况，提供有关资料，不得拒绝隐瞒。

7. 增值税专用发票

增值税专用发票是根据增值税征收管理需要，在内容上兼记货物或应税劳务所负担增值税税额的一种特殊发票。企业在销售货物时，应在专用发票上注明向购货方收取的增值税，购货据此扣税。因此，增值税专用发票对增值税的计算和管理具有十分重要的作用。专用发票实行最高开票限额管理。

（1）增值税专用发票的领用人

只有经国家税务机关认定的增值税一般纳税人才能领购增值税专用发票。

（2）增值税专用发票的保管

为了保管好增值税专用发票，企业应该做好以下工作：

- 设专人保管增值税专用发票。
- 增值税专用发票放在保险柜内。
- 按照国家税务机关要求，设置增值税专用发票的购、用、存登记簿，如实填列增值税纳税申报表，有关增值税专用发票的使用情况要按期上报国家税务机关备查。

提醒您

对未按规定保管增值税专用发票而发生丢失的一般纳税人，半年内不得领购增值税专用发票并收缴结存的专用发票。

- 取得的增值税税款抵扣联，要按照国家税务机关的要求装订成册。
- 发生丢失增值税专用发票者，应于发现丢失当日书面报告主管税务机关，并在《中国税务报》上公告声明丢失的增值税专用发票作废。

⟳ 已经开具的专用发票存根联，应当保存 5 年，保管期满，报经主管国税机关查验后销毁。

⟳ 任何单位和个人未经批准，不得跨规定的区域携带、邮寄、运输空白的专用发票。

⟳ 禁止携带、邮寄、运输空白的专用发票出入国境。

纳税人哪些行为不得开具增值税专用发票

纳税人发生下列行为不得开具增值税专用发票：

➡ 向消费者销售应税项目；

➡ 销售免税项目；

➡ 销售报关出口的货物；

➡ 在境外销售应税劳务；

➡ 将货物用于非应税项目；

➡ 将货物用于集体福利或个人福利；

➡ 将货物无偿赠送他人；

➡ 提供非应税劳务转让无形资产或销售不动产。

8.4.2　财政收费票据制度

1. 财政收费票据的定义及适用范围

财政收费票据是指国家机关、事业单位、社会团体、具有行政管理职能的企业主管部门和政府委托的其他机构，为履行或代行政府职能，依据法律、法规和具有法律效力的行政规章的规定，在收取行政事业性收费和征收政府性基金时，向被收取单位或个人开具的收款凭证。

提醒您

财政收费票据是单位财务收支的法定凭证和会计核算的原始凭证，是财政、审计等部门进行检查监督的重要依据。

受行政事业性收费执收单位的委托，代行收取行政事业性收费的单位，应当按规定与执收单位办理有关委托手续，并使用委托单位的行政事业性收费票据实施代收，不得使用本单位银钱收据代行收取。

按照民政部、财政部的规定，自2004年7月1日起，社会团体收取会费收入，需使用由财政部门监制的社会团体会费统一收据。社会团体会费统一收据由省、自治区、直辖市的社会团体管理办公室统一发放和管理，并接受财政部门的监督和检查。

单位接受社会捐赠收入的行为，应到同级财政部门领购并开具由省、自治区、直辖市财政部门监制的接受捐赠专用收款收据。

2. 财政收费票据的种类

财政收费票据包括行政事业性收费票据和政府性基金票据，分为通用票据和专用票据两类。

通用票据是指满足一般收费特点，具有通用性质的票据，适用于普通行政事业性收费。专用票据是指为适应特殊需要，具有特定式样的专用性票据，适用于特定的行政事业性收费和政府性基金。

专用票据分为定额专用票据和非定额专用票据两种。

通用票据和专用票据一般应设置为三联：第一联为存根联，由开票方留存备查；第二联为收据联，由付款方收执；第三联为记账联，由征收机关（单位）作为记账凭证。如有特殊需要的收费票据，经省级以上财政部门批准可适当增加联次。

提醒您

乡统筹费票据、社会团体收取会费使用的票据和接受社会捐款使用的收据，以及其他各类非行政事业性收费和政府性基金使用的票据或收据（不包括经营性收费）的管理，应参照财政收费票据的规定执行。

3. 财政收费票据的购领和核销

财政收费票据由各级财政部门或其委托的票据管理机构负责发放和核销。除法律、法规另有规定外，收费单位实施行政事业性收费或征收政府性基金，一律按本规定使用省级以上财政部门监（印）制的收费票据。凡不按本规定使用票据的，被收费单位或个人有权拒绝付款，财务部门不得作为报销凭证。

财政收费票据实行分次限量购领制度。收费单位首次购领收费票据，必须向同级财政部门或其委托的票据管理机构提出申请，同时提交规定收取行政事业性收费和征收政府性基金的法律、法规复印件，国务院或省级以上财政部门会同物价部门批准收取行政事业性收费的文件复印件，国务院或财政部批准设立政府性基金的文件复印件。申请收费票据的单位，应属于财务独立核算单位，有健全的财务会计制度。经同级财政部门或其委托的票据管理机构审查符合规定后，发给"票据购领证"。收费单位凭证购领收费票据。

收费单位再次购领收费票据，应出示"票据购领证"，并提交前次使用票据的情况，包括票据的册数、号码、收取资金的数额等，经同级财政部门或其委托的票据管理机构审核，并确定其所收取的行政事业性收费或征收的政府性基金收入已按规定上缴同级金库或财政专户后，方可继续购领票据。

收费单位已开具的收费票据存根，应妥善保管，保管期一般应为五年。个别用量大的收费票据存放五年确有困难的，经同级财政部门批准，可适当缩短保存期限。保存期满需要销毁的票据，由有关部门（单位）负责登记造册报同级财政部门或其委托的票据管理机构核准后销毁。

撤销、改组、合并的收费单位和收费项目已被明令取消的收费单位，应按省级以上财政部门的规定，办理"票据购领证"的变更或注销手续。部门（或单位）购领尚未使用的已取消收费项目的票据，由部门（或单位）负责登记造册报同级财政部门或其委托的票据管理机构批准后销毁。收费单位不得私自转让、销毁收费票据和"票据购领证"。

4．财政收费票据的管理和监督

各级财政部门应当建立健全票据管理制度，加强票据管理机构建设，配备必要的人员和设备。

收费单位应建立收费票据使用登记制度，设置收费票据登记簿，定期向同级财政部门报告收费票据的购领、使用、结存情况。收费票据在启用前，应当检查票据是否有缺页、漏页、重号等情况，一经发现，应及时向同级财政部门报告。使用时，票据填写必须内容完整，字迹工整，印章齐全。如填写错误，应另行填开。填错的票据应加盖作废戳记，保存其各联备查，不得涂改、挖补、撕毁。如发生票据丢失，应及时声明作废，查明原因，写出书面报告，报同级财政部门处理。

各级财政部门应建立收费票据稽查制度。各级财政部门应根据实际情况和管理需要，对收费票据的印制、购领、使用、保管等情况进行定期或不定期检查。被查单位应如实反映情况，提供资料，接受监督和检查，不得拒绝核查、隐瞒情况或弄虚作假。

提醒您

自2005年起，财政部门改变票据检查方式，将以往采取的年度集中检查改为"验旧购新"。"验旧购新"制度具体为：凡2004年收费及票据年审合格的单位，在新购票据时，需携带单位法人代码证书、票据购领证、上次购领的相关票据，到财政部门审验合格后，方可购领新票据。

违反财政收费票据管理规定如何处罚

下列行为属于违反收费票据管理规定的行为：

➡ 未经批准，擅自印制和使用收费票据的；

➡ 私自刻制、使用和伪造票据监（印）制章的；

➡ 伪造、制贩假收费票据的；

➡ 未按规定使用收费票据的；

➡ 擅自转借、转让、代开、买卖、销毁、涂改收费票据的；

➡ 利用收费票据乱收费或收取超出规定范围和标准的收费或政府性基金的；

➡ 互相串用各种票据的；

➡ 不按规定接受财政部门及其委托票据管理机构的监督管理或不按规定提供有关资料的；

➡ 管理不善，丢失毁损收费票据的；

➡ 其他违反本规定的行为。

对违反财政收费票据管理规定的行为，应当按照《行政处罚法》的有关规定进行处罚。

违反财政收费票据管理规定的单位和个人，有违法所得的，由财政部门或其委托的票据管理机构依法予以没收，并可处以警告或罚款。对非经营性活动中的违法行为，处以1 000元以下罚款；对经营性活动中的违法行为，有违法所得的，处以违法金额3倍以下不超过30 000元的罚款，没有违法所得的，处以10 000元以下罚款。

违反财政收费票据管理规定的行为构成犯罪的，移交司法机关依法追究有关责任人员的刑事责任。

违反财政收费票据管理规定受到行政处罚时，被处罚人对行政处罚决定不服的，可以在规定的期限内依法申请行政复议或提起行政诉讼。

小知识

《财政违法行为处罚处分条例》列举的违反财政收入票据管理规定的行为包括：违反规定印制财政收入票据；转借、串用、代开财政收入票据；伪造、变造、买卖、擅自销毁财政收入票据；伪造、使用伪造的财政收入票据监（印）制章；其他违反财政收入票据管理规定的行为。

案例

财政部门在检查中发现，某事业单位2005年3月份将从财政部门领购的行政事业单位统一银钱收据转借给与本单位合作的某企业用于经营性收费。截至检查日，该企业使用行政事业单位统一银钱收据共收取培训费几十万元。

请问：根据有关法律法规的规定，财政部门应如何进行处理和处罚？

案例分析

依据《财政违法行为处罚处分条例》第十六条规定，财政部门应没收该企业的违法所得，对单位处5 000元以上10万元以下的罚款；对直接负责的主管人员和其他直接责任人员处3 000元以上5万元以下的罚款。对该事业单位中参照国家公务员管理的有关人员，可给予降级或者撤职处分；情节严重的，给予开除处分。

8.4.3 如何保管出纳凭证

出纳人员每天都要收存、支付许多凭证，又保管着单位的货币性资产，所以应该掌握必要的凭证装订和保管技能。

1. 出纳凭证的整理

出纳人员根据收款凭证和付款凭证记账后，必须逐日、逐张对原始凭证进行加工整理，以便于汇总装订。

原始凭证的整理要求做到：

- 对于面积小而又零散不易直接装订的原始凭证，应先将小票按同金额归类，粘贴到另一张纸上，对齐纸张上沿，从上至下移位重叠粘贴，注意小票不应漏出纸张下沿。
- 对于面积较大但又未超过记账凭证大小的原始凭证，可直接粘贴。
- 对于面积稍微大过记账凭证的原始凭证，应按记账凭证大小先自下向上折叠，再从右到左折叠；如原始凭证的宽度超过记账凭证两倍或两倍以上，则应将原始凭证的左下方折成三角形，以免装订时将折叠单据订入左上角内。
- 左端边缘空白很少不够装订的，要贴纸加宽，以便装订后翻阅。
- 整理后的记账凭证应顺序编列总号，一般按现收、现付、银收、银付顺序编列总号。

凭证的装订质量也是出纳工作质量好坏的重要标志。装订不仅要求外观整齐，而且要防止偷盗和任意抽取。同时正确的装订方法能保证凭证的安全和完整。装订时要加凭证封面和封底。

凭证如何装订

凭证装订方法如下：

- 将需要装订的凭证上方和左方整理齐整，加装封面，再在左上角加一张厚纸作为封签，铁锥在封签上钻两个圆眼，用线绳将凭证两个外边和圆眼相互勒紧。
- 订牢后，在订线的地方涂上胶水，然后将封签按订线反折，形成三角形的斜边将线绳遮盖在下。
- 将凭证翻转过来，底页朝上，对封签进行剪切。
- 涂上胶水后，在封签骑缝处加盖装订人图章。

提醒您

《会计基础工作规范》规定，从外单位取得的原始凭证如有遗失，应当取得原开出单位盖有公章的证明，并注明原来凭证的号码、金额和内容等，由经办单位会计机构负责人、会计主管人员和单位领导人批准后，才能代作原始凭证。如果确实无法取得证明的，如火车、轮船、飞机票等凭证，由当事人写出详细情况，由经办单位会计机构负责人、会计主管人员和单位领导人批准后，代作原始凭证。

2．凭证归档保管

装订成册的会计凭证，应由会计部门指定专门人员负责保管，但出纳不得兼管会计档案。年度终了后，可暂由财会部门保管一年，期满之后，编造清册移交本单位的档案部门保管。保管时，要防止受损、弄脏、霉烂以及鼠咬虫蛀等。

出纳凭证保管应注意什么问题

保证出纳凭证的安全与完整是全体会计人员的共同职责，在立卷存档之前，出纳凭证的保管由财会部门负责。保管过程中应注意以下问题：

（1）出纳凭证应及时传递，不得积压。记账凭证在装订成册之前，凡使用记账凭证的出纳人员都有责任保管好原始凭证和记账凭证。使用完后要及时传递，并且要严防在传递过程中丢失。

（2）凭证在装订以后存档以前，要妥善保管，防止受损、弄脏、霉烂以及鼠咬虫蛀等。

（3）给原始凭证编号。对于性质相同、数量过多或各种随时需要查阅的原始凭证可以单独装订保管，在封面上注明记账凭证种类、日期、编号，同时在记账凭证上注明"附件另订"和原始凭证的名称及编号。

（4）编制目录。各种经济合同和涉外文件等凭证，应另编目录，单独装订保存，同时在记账凭证上注明"附件另订"。

（5）原始凭证不得外借。其他单位和个人经本单位领导批准调阅会计凭证，要填写"会计档案调阅表"，详细填写借阅会计凭证的名称、调阅日期、调阅人姓名和工作单位、调阅理由、归还日期、调阅批准人等。调阅人员一般不准将会计凭证携带外出。确需复制时，要说明所复制的会计凭证名称、张数，经本单位领导同意后在本单位财会人员监督下进行，并应登记与签字。

（6）出纳凭证由专人保管。出纳凭证装订成册后，应由专人负责分类保管，年终应登记归入会计档案。

3．保管期限

会计凭证的保管期限和销毁手续，必须严格执行《会计档案管理办法》。一般的会计凭证应保存15年，银行存款余额调节表保存3年，而对重要的会计凭证，则应永久保存。

对保管期满需要销毁的会计凭证，必须开列清单，报经批准后，由档案部门和财会部门共同派员监督销毁。会计档案保管期限如表8-3所示。

表8-3　　　　　　　　　会计档案保管期限表

会计档案名称	保管期限	备注
一、会计凭证类		
1．原始凭证、记账凭证和汇总凭证	15年	
其中：涉及外事和其他重要的会计凭证	永久	
2．银行存款余额调节表	3年	
二、会计账簿类		
1．日记账	15年	
其中：现金和银行存款日记账	25年	
2．明细账	15年	
3．总账	15年	包括日记总账
4．固定资产卡片		固定资产报废清理后保存5年
5．辅助账簿	15年	
6．涉及外事和其他重要的会计账簿	永久	
三、会计报表类		
1．月季度会计报表	5年	包括各级主管部门的汇总会计报表

续表

会计档案名称	保管期限	备注
2. 年度会计报表（决算）	永久	包括文字分析
四、其他类		
1. 会计移交清册	15 年	
2. 会计档案保管清册	25 年	
3. 会计档案销毁清册	25 年	

8.4.4 如何保管空白收据

空白收据即未填制的收据。空白收据一经填制，并加盖印鉴后，就可成为办理转账结算和现金支付的一种书面证明，直接关系到单位资金的准确、安全和完整。

在保管空白收据时，应注意以下几方面：

◉ 空白收据一般应由主管会计人员保管；

◉ 要建立"空白收据登记簿"，填写领用日期、单位、起始号码，并由领用人签字；

◉ 收据用完后，要及时归还、核销；

◉ 使用单位不得将收据带出工作单位使用；

◉ 不得转借、赠送或买卖。不得开具实物与票面不相符的收据，更不能开具存根联与其他联不符的收据。作废的收据要加盖"作废"印记，各联要连同存根一起保管，不得撕毁、丢弃；

◉ 使用完的收据存根，必须全份保管。

空白收据登记簿格式如表 8 - 4 所示：

表 8 - 4　　　　　　　　　　　空白收据登记簿

领用日期		领用单位	领用数量	起始号码	领用人签字	核销日期	
月	日					月	日

8.4.5 如何保管印章

出纳使用的印章必须妥善保管，严格按照规定的用途使用。用于签发支票的印鉴章一般应由会计主管人员或指定专业人员保管，支票和印鉴必须由两人分别保管。各种印章的保管应与现金的管理要求相同，不得将印章随意存放在抽屉内或带出工作单位，以免给单位造成不必要的经济损失。

本章牢记要点

- 注意企业依法设立，以营利为目的，实行独立核算以及社会经济组织这四大特征。
- 注意企业会计准则与会计制度的关系。国家建立企业会计准则体系后，《企业会计制度》废止，会计科目和会计报表的内容作为会计准则的指南，《小企业会计制度》继续执行。
- 注意税务发票与财政票据的区别、使用范围，不得混用。